Les Sept Rayons

Copyright © 2017

Éditions Unicursal Publishers
www.unicursalpub.com

ISBN 978-2-924859-21-6

Première Édition, Yule 2017

Tous droits réservés pour tous les pays.

ERNEST E. WOOD

Les Sept Rayons

Classiques Théosophiques

UNICURSAL

PREMIÈRE PARTIE

LA SOURCE DES RAYONS

CHAPITRE I

LA COLONNE DE LUMIÈRE

Je ne vois pas le moyen d'éviter, en écrivant cet ouvrage et dans l'exposé de ce que j'espère être des idées claires sur les Rayons, certains points d'un caractère abstrait dont le principal est une déclaration sur l'universalité de Dieu et de *Brahman*, que beaucoup considèrent comme vivant loin, bien loin, sur un plan élevé, quelque part au-delà de notre vision. Le fait est que le *Sachchidananda Brahman* est ici, maintenant devant nous, et avec nous, tous les jours. Analysez le monde entier de votre expérience et vous trouverez qu'il se compose de trois parties : premièrement, d'une grande masse d'objets de toutes sortes, matériels sur tous les plans aussi élevés qu'ils soient ; secondement, d'un vaste nombre d'êtres vivants dont la conscience est à des degrés divers d'évolution ; et troisièmement, de vous-même. Le premier de ces trois est le monde

Sat, existence; le second est celui de *Chit*, conscience; et le troisième est *Ananda*, bonheur, le vrai soi.

Ceci se comprendra mieux si nous rappelons l'histoire de la grande colonne de lumière. Le grand être *Narayara*, *Vishnou*, âme et vie de l'univers omniscient et aux milliers d'yeux, était étendu sur sa couche, le corps du grand serpent *Shesha* ou *Ananta*, temps infini, qui reposait enroulé sur les eaux de l'espace, car c'était la nuit de l'être, alors *Brahma*, le grand créateur du monde de l'être appelé *Sat*, vint à lui et le touchant de sa main, lui dit : "Qui es-tu ?" Et il s'éleva entre eux une contestation pour savoir lequel des deux était le plus grand, et pendant que cela se passait et comme cela menaçait de devenir furieux, il parut devant eux une grande colonne de feu et de lumière, incomparable et indescriptible qui étonna si fort les disputants qu'ils en oublièrent leur querelle et s'entendirent pour rechercher la fin d'une chose aussi merveilleuse. *Vishnou* plongea vers le bas pendant mille ans, mais n'en put découvrir la base et *Brahma* vola en haut pendant mille ans, mais ne put en trouver le faîte et tous deux revinrent déçus. Alors *Shiva*, dont la nature est *Ananda*, se tient devant eux et leur expliqua que tous deux étaient un en lui, leur Seigneur suprême, la colonne de lumière qui était trois en un et que, dans le temps à venir, *Brahma* naîtrait de *Vishnou* et *Vishnou*

I. — LA COLONNE DE LUMIÈRE

le chérirait jusqu'à ce que, enfin, eux deux verraient de nouveau leur Seigneur.

Les gens pensent parfois qu'en s'élevant ils trouveraient Dieu, mais la vérité est que si même ils descendaient au-dessous de leur état actuel et s'ils cherchaient pendant mille ans ils ne pourraient pas trouver Sa fin. Cela ne veut pas dire qu'Il est ici seulement invisible et inconnu de nous. Il est ici visible et connu ; car le monde que nous voyons de nos yeux est Son *Sat*, et la conscience avec laquelle nous le connaissons est Son *Chit*, et le Soi que nous ne pouvons qu'affirmer être nous est Son *Ananda*. Chacun de nous est dans cette colonne de lumière n'importe où il peut se mouvoir dans l'espace d'être, n'importe où il peut aller dans le temps de conscience. Et aucun homme n'échappera jamais à ces trois réalités ; il ne peut pas dire "je ne suis pas" ; il ne peut pas dire "je suis inconscient" et il ne peut pas non plus, en définitive, manquer de reposer sa connaissance sur le monde extérieur d'être. Bien qu'il y ait des millions de mondes dans des mondes et d'êtres dans des êtres, *Sat*, *Chit* et *Ananda* sont partout présents et partout en un. Les choses que nous voyons, et que nous touchons et que nous goûtons et que nous entendons et que nous sentons sont *Sat*, être réel, et dans ce royaume de l'être, aucun homme n'échappera jamais à ce sur quoi tout s'appuie, l'évidence des sens, même si sa clairvoyance s'étendait à travers tous les plans possibles, jusqu'à la colonne de lumière.

Dieu, l'Univers, le *Sachchidananda Brahman*, n'est pas composé de trois réalités mises ensemble : *Sat*, *Chit* et *Ananda*, mais Cela s'étend dans l'espace et dans le temps en ce qui s'appelle manifestation où et quand les qualités de *Sat* et de *Chit* viennent en activité parmi les mystérieux changements cycliques qui ont lieu dans la vie de l'éternel être suprême.

Dieu l'Univers				
Brahma Sat Le monde des choses			Vishnou Chit Le monde de conscience			Shiva Ananda Le Soi, Vie Réelle
Tamas	Rajas	Sattwa	Kriya	Jnana	Ichcha	Représenté par Maya
7	6	5	3	2	1	4

CHAPITRE II

LA CONSCIENCE

Dans les ouvrages indous et théosophiques, les termes *Ichcha*, *Jnana* et *Kriya*, s'emploient pour indiquer les trois constituants essentiels de la conscience. On le traduit habituellement par Volonté, Sagesse et Activité, mais le sens de ces mots ne sera pas compris à moins qu'il soit nettement entendu qu'ils s'appliquent à des états de conscience et à rien d'autre.

Les trois états de conscience unissent l'être qui les possède aux trois grands mondes : *Ichcha* ou volonté du Soi ; *Jnana* ou Sagesse du monde de la Conscience lui-même et *Kriya* ou activité du monde des choses ou êtres. Par conséquent, *Jnana* est l'essence véritable de la conscience.

En voyant la grande étendue de ces trois états, vous vous rendrez compte de l'insuffisance des mots qui les traduisent dans notre langue et qui, de fait, attirent l'attention, principalement sur l'état positif, ou aspect œuvrant vers l'extérieur de chacun de ces états. La conscience est toujours double en tant que réceptive ou prévenue, et en tant qu'active et influente ou, en d'autres termes, possédant facultés et pouvoirs. Chacun de ses trois états est à la fois une faculté et un pouvoir. *Ichcha* est la conscience de soi et aussi le pouvoir qui est la volonté. *Jnana* est la conscience des autres et aussi le pouvoir qui est l'amour. Enfin, *Kriya* est la conscience des choses et aussi le pouvoir qui est la pensée.

On ne peut jamais voir la conscience sur aucun plan avec quelle clairvoyance que ce soit; l'être seulement peut être vu tandis que la conscience peut être expérimentée et qui est naturellement expérimentée par tout être conscient. Comprenons bien qu'aussi splendide que puisse être parmi la relativité des choses l'aspect être d'un *Jivatma* en soi vivant, sur les plans supérieurs, il appartient encore au monde d'êtres ou *Sat*. De plus, la conscience n'est en aucun temps ou sur aucun plan sujette aux limitations de *Sat* ou, pour exprimer le même fait d'une autre manière qui n'est pas sans danger de méprise, elle peut être, elle est partout à la fois et n'a point d'espace intermédiaire à traverser pour aller d'un point à un autre. Elle ne traverse que le temps.

Si, par exemple, je vous demande de marcher d'un endroit à un autre et, après que vous l'avez fait je vous pose la question: "Que faisiez-vous? Vous mouviez-vous?" Je m'attendrai à ce que vous me répondiez: "Non, je ne mouvais pas". Et si je pousse plus avant et demande: "Que faisiez-vous?" Je m'attendrai à ce que vous répondiez: "Je pensais, je percevais le mouvement du corps."

Ce n'est pas que par déduction, après observation par les sens, que les êtres humains connaissent la position et le mouvement de leurs propres corps. Si vous dormez sur une couchette de chemin de fer pendant que le train roule sans secousse, vous ne savez pas si vous avez la tête ou les pieds vers l'avant; mais soulevez le rideau et regardez les lumières et les ombres qui défilent, vous conclurez que vous avez la tête vers l'avant et alors vous imprimerez au corps les sensations supposées du mouvement dans cette direction.

Lorsqu'on a compris et qu'on se rappelle cette absence de limitations de l'espace dont jouit la conscience, il est possible d'obtenir des idées justes sur la nature de la volonté, de la sagesse et de l'activité comme opérations conscientes.

Quand on parle de Dieu en général, on ne pense pas à ce Dieu Universel dont j'ai parlé, mais on en imagine Un qui est la conscience suprême de notre système solaire. Il est une conscience et c'est de cela que nous faisons partie non parce qu'elle est divisée entre nous mais parce que nous la partageons avec Lui. Cette grande conscience appelée par les Théosophes, Logos solaire, manifeste les trois pouvoirs de la volonté, de la sagesse et de l'activité. Il est de *Vishnou* en essence, mais sa volonté le met en contact avec *Shiva* et son activité avec *Brahma*. Mais par analogie, ces aspects de ce *Vishnou* ont été appelés aussi *Shiva*, *Vishnou* et *Brahma*. Bien que ces personnifications soient susceptibles d'induire en erreur, je les mentionne parce que je veux raconter l'histoire de la création de son monde par notre *Vishnou*.

Tout d'abord, *Brahma* fut envoyé pour détenir le pouvoir créateur ou activité divine. On relate dans les livres, pour la compréhension des hommes, qu'Il accomplit Son œuvre en essayant en méditation et que tandis qu'Il méditait les mondes prirent forme par le pouvoir de la pensée ; telle fut Son activité. Ce fut ensuite *Vishnou* qui entra dans le monde matériel et remplit de vie, et *Shiva* avec son pouvoir qui est Soi, fut là comme son surêtre.

Le vrai *Brahma* est hors de la conscience, mais ce *Brahma* ne l'est pas, n'étant qu'une personnification du *Kriya* de notre système Solaire. Je raconte l'histoire uniquement pour montrer que l'activité créatrice n'était pas une action accomplie avec des pieds et des mains dans l'espace, mais ce que nous appelons pensées. La matière de l'espace dans le monde de *Sat* est atteinte par le pouvoir de *Kriya* et prend forme sous son influence.

CHAPITRE III

POUVOIR DE LA PENSÉE

Ce qui est vrai des trois pouvoirs de conscience de *Vishnou* est également vrai de ceux d'un homme quelconque, car tous nos pouvoirs font partie de cette grande conscience, tout comme les matériaux de nos corps avec leurs propriétés sont puisés à la vaste mer de *Sat* ou être. C'est la pensée en Lui qui est son activité comme homme. Cette activité est de nouveau double, que vous considériez l'être universel ou l'être en apparence particulier. On la trouve dans la faculté de discernement qui est derrière toute perception. Aucun homme ne reçoit passivement. La réception passive de modifications de conscience n'existe pas et toute perception est plutôt de la nature du coup d'oeil donné par la fenêtre pour voir ce qui se passe. Les choses du monde ne troubleront jamais la conscience de quelqu'un. Mais de même que lorsque la conscience est active elle s'ouvre à la perception des choses et aussi à ce que, si nous y prenons bien soin, nous pourrons appeler un aspect négatif ; de même aussi, elle agit d'une manière positive et chaque pensée apporte avec elle, dans le monde des choses, le pouvoir créateur qu'exerça au commencement la pensée du *Brahma* Solaire. Cette vérité sur l'activité et l'action résout le problème qui trouble tant d'étudiants de la *Bhagavad-Gita*.

Il existe dans le monde Occidental une horrible confusion sur la relation entre la volonté et le désir et une discussion constante sur laquelle de celles-ci agit sur le corps et détermine ainsi ses actions dans le monde.

La réponse à cette question est que ni l'une ni l'autre, ni la volonté ni le désir n'agissent directement sur le corps. La pensée ou *Kriya* est le seul pouvoir qui s'occupe des choses et c'est avec le pouvoir de la pensée, *Kriyashakti*, que le corps a été construit et que toutes celles de ses activités qui ne sont pas des réflexes, sont accomplies.

En exemple de ceci, je ferai observer que toutes les fois que vous prenez votre plume sur la table, vous le faites par le pouvoir de la pensée. Des témoins pourraient dire qu'ils vous ont vu prendre la plume avec votre main, mais c'est la pensée qui a soulevé la main.

III. — POUVOIR DE LA PENSÉE

Une lueur de vérité à ce sujet a été projetée sur la psychologie européenne par la théorie qu'a émise M. Émile Coué, que toutes les fois qu'il y a conflit dans l'esprit humain entre la volonté et la pensée c'est toujours celle-ci qui l'emporte. Cela est vrai si nous nous rappelons que nous pensons aux résultats en action dans le monde et aussi si nous prenons soin d'observer que dans cette déclaration le terme "Volonté" est employé à tort. La théorie est vraie mais l'expression dans notre langue en est maladroite.

Bien des exemples peuvent être données pour rendre l'idée plus vive et plus frappante. L'un des meilleurs raconte l'expérience d'un certain marchand d'automobiles, qui avait pour habitude d'apprendre à ses clients à conduire les autos qu'il leur avait vendues. Un homme donc avait acheté une auto et apprenait à conduire, mais pendant longtemps n'arrivait pas à un succès complet, à cause d'une manie concernant les poteaux télégraphiques, manie qui n'est pas rare dans des cas semblables. Ce monsieur sortait donc de bon matin sur la route la meilleure à l'heure où il n'y avait personne, et il allait, conduisant sa voiture d'une manière timide et hésitante, les yeux fixés sur la route et tout d'abord heureux, il ignorait l'existence des poteaux télégraphiques. Puis, tôt ou tard, l'un de ces poteaux frappait sa vue, probablement à un tournant et alors il se disait :

"Ah ! j'espère bien que je ne vais pas me jeter sur ce poteau ! Vraiment, il ne faut pas que je mette dessus", et il se répétait cette sorte de cri de guerre, la pensée du poteau grandissant de plus en plus dans son esprit jusqu'à ce qu'elle emplit entièrement son imagination, ne laissant que peu ou point de place à la pensée de la route. Alors apparaissait le pouvoir de la pensée, car la chose qui remplissait son imagination et occupait son mental dominait aussi son action bien qu'il désirât avec ferveur ne pas de jeter sur le poteau. Ses mains, incertaines au début, s'assuraient sur le volant et, avec la sûreté d'un expert, il conduisait tout droit au poteau redouté. Heureusement, son instructeur était assis à ses côtés, car il est peu probable qu'il eût ressaisi, en ces circonstances, assez de présence d'esprit pour arrêter son auto avant de franchir le trotteur.

Le pouvoir qu'a sur le corps une image mentale nette et claire se voit fort bien par cet exemple et ce pouvoir peut être employé pour rendre au corps la santé ou pour la lui conserver, ainsi que l'avance M. Émile Coué. Cela se voit constamment de bien d'autres manières que l'on ne remarque pas habituellement : M. Clarence Underwood, l'artiste commercial américain bien connu, peintre du "teint de l'écolière", affiches pour une célèbre marque de savon, raconte comment le pouvoir de la pensée a modelé la figure et le corps

III. — POUVOIR DE LA PENSÉE

de sa fillette. "Il a bien des années, dit-il, tout à coup, je m'arrêtai de peindre la femme blonde qui avait dominé mon travail et je commençai à dessiner une fillette. Les gens me demandaient qui elle était et, vraiment, je n'aurais pas su le leur dire. Elle n'était ni le modèle dont je me servais, ni aucune combinaison de plusieurs modèles. Elle était elle-même, et pour moi, du moins, c'était un type idéal. Ma fille Valérie était alors âgée de six ans et elle se prit d'une affection intense pour cette petite fille brune. Elle venait dans mon atelier et se tenait derrière ma chaise, à me regarder peindre, jusqu'à ce que l'ayant découverte on l'emmena malgré ses protestations. Pendant des années, je n'ai dessiné que ce visage avec peu de variations. Lorsque Valérie fut devenue une jeune fille, quinze ans plus tard, elle était la vivante image de cette figure que j'avais dessinée bien des années auparavant. Je sais que son admiration et son amour pour mes tableaux en étaient la cause. De vieux amis à moi s'exclamaient sur la ressemblance lorsqu'ils rencontraient ma fille et cependant elle n'était qu'un bébé à l'époque où j'avais peint ces tableaux et ne ressemblait alors pas plus que moi à la figure sur la toile. Ses traits d'alors avaient changé pour se conformer au visage qu'elle aimait et n'importe quelle fillette peut obtenir le même résultat. La jeune

Américaine d'aujourd'hui est bien davantage le résultat de l'artiste qu'elle ne peut le savoir elle-même.

La croyance en ce pouvoir est maintenant fort répandue en Amérique et il n'est pas surprenant que de nombreux artistes fameux de ce pays considèrent qu'en produisant de belles peintures du visage et de la forme humaine, ils jouent un rôle prépondérant dans le développement rapide d'une splendide nation nouvelle.

Leurs œuvres sont bien imprimées et répandues par centaines de millions dans les revues et sur les belles affiches, car la beauté s'est conquise une place réelle et durable dans le commerce américain. Les jeunes gens des deux sexes et souvent aussi les gens plus âgés regardent ces images et désirent "être comme cela". M. Harrison Fisher dit que si une jeune fille admire fortement un certain type de beauté qu'elle a vu, inconsciemment elle se modèle par la pensée jusqu'à une certaine ressemblance de cette peinture, et c'est un effet que bien des articles ont observé. M. Howard Chandler Christy, dont l'opinion est constamment recherché dans les concours de beauté en Amérique, affirme que les femmes de ce pays sont devenues en peu de temps plus grandes de quelques centimètres, surtout parce que les illustrations les ont représentées ainsi et ont, de cette façon, placé devant la nation cet idéal physique. Ce qui est constamment devant les yeux a tendance à impressionner le mental qui, à son tour, affecte le corps ; et là est également la raison pour laquelle marie et femme tendent à se ressembler à mesure que passent les ans.

Très semblable à ces effets est l'influence prénatale de la pensée de la mère si elle est forte et constante. Les mères grecques de l'ancien temps le savaient bien puisqu'elles avaient l'habitude de contempler les statues pour que leurs enfants soient beaux. Madame Ruth J. Wild, dont la fille obtint un prix dans un concours où beaucoup d'autres jeunes filles étaient fort belles aussi, raconte qu'avant la naissance de son enfant, seule au monde et traversant une période difficile et douloureuse, elle résolut que son enfant serait une belle petite fille. Elle se mit à fréquenter le musée de Brooklyn, s'asseyant devant les statues de Vénus et d'Adonis. Elle emportait avec elle la couverture d'un magazine représentant une tête par l'artiste Boileau et, constamment, dans son mental, se faisait le portrait de la belle fillette qu'elle devait avoir. Lorsque l'enfant naquit, ce fut en effet une fille et, dit Madame Wild "tout ce que j'avais rêvé et espéré avait formé le plus bel enfant du monde. Les médecins déclarèrent qu'ils n'avaient jamais vu un bébé comme celui-là et l'un deux, sachant que j'étais encore très pauvre, m'offrit vingt mille dollars pour mon bébé. Tout l'or du monde ne l'aurait cependant pas acheté, car je savais que j'avais réussi. Sur son visage, je voyais l'image du tableau de Boileau et je savais que son corps se développerait d'après les lignes de beauté de mes statues. C'est du reste ce qui s'est produit et aujourd'hui encore elle a les cheveux de la même couleur brillante, les cils foncés et au repos, le visage a la même expression que le portrait de Boileau que si longtemps j'ai porté et si ardemment contemplé".

Un autre est celui de Madame Virginia Knapp, dont la fille Dorothée a obtenu le prix de Vénus d'Amérique, dans un concours de beauté à Madison Square Garden. Cette mère aussi avait fortement fixé son esprit sur les belles choses.

Elle errait seule au milieu des beautés de la nature ; elle suppliait celle-ci de donner à son enfant un peu de sa beauté et elle attribue la beauté de la jeune fille non pas à l'hérédité mais à sa propre volonté bien déterminée pendant la période prénatale. Dans tous ces cas, c'est bien l'influence directe de la pensée qui agit sur le corps sensitif du bébé, car il est bien vrai qu'aucun lien nerveux n'existe entre la mère et l'enfant avant la naissance.

Que la pensée affecte le mental des autres, même à distance, et laisse aussi son empreinte sur la matière physique sont des faits absolument prouvés et je puis affirmer avoir vu ces choses-là se faire des centaines de fois avec la plus parfaite justesse et souvent sous forme d'épreuves contrôlées dans l'Inde et ailleurs.

Inutile que j'insiste sur les activités les plus familières de la pensée qui régissent notre vie journalière et ont si fortement civilisé notre entourage matériel. Toute branche de culture et de progrès humains entre dans son dessein la philosophie, le théâtre, la science, la religion, l'art et tout le reste a rapport aux moindres détails de la vie quotidienne. Comme l'a dit Emerson, "tout est fluide pour la pensée" et en vérité, dans le cours des âges, les hommes résoudront de plus en plus les problèmes de la vie et de la nature ; par son pouvoir, ils apporteront au service de l'humanité de plus grandes forces et, nous l'espérons, avec un dévouement toujours croissant pour la fraternité humaine, tournée vers une réalisation toujours plus proche du véritable but de la vie humaine.

CHAPITRE IV

POUVOIR DE L'AMOUR

De même que *Kriya*, la pensée, sert à acquérir la connaissance des choses matérielles et de leurs relations entre elles, étant le pouvoir créateur dans la vie matérielle, de même *Jnana* nous initie à la conscience des choses vivantes et exerce sur elles et parmi elles le grand pouvoir de l'amour. *Jnana* est la sagesse qui est bien différente de la connaissance. Les livres disent avec raison que toute notre connaissance des choses, est *Avidya*, *Ajnana*, mais ces termes traduits par le mot ignorant devraient l'être par non-sagesse. Cela n'entraîne cette signification quelque peu répréhensible qu'en ce qui concerne la connaissance lorsqu'elle est seule et non pas lorsqu'elle est unie à prana : *Jnana-Vijnana-Sahitam*, la sagesse avec la connaissance c'est là la véritable sagesse qui conduira l'humanité à la perfection, car, dirigée par la sagesse, toute connaissance devient profitable pour le Soi.

La signification de la sagesse est rendue très claire par *Shri Krishna* dans deux versets de la *Gîtâ;* parlant des biens dont l'homme peut faire usage au service de Dieu pour le progrès de l'humanité, il dit :

> "Mieux vaut l'offrande de la sagesse que le sacrifice de tout objet matériel, parce qu'en définitive toutes les œuvres sans exception construisent seulement la sagesse. Si vous voulez vous rendre compte de ceci, vous devez révérer le divin en toutes choses, essayer de comprendre et pratiquer le service. Alors les Sages qui voient la vérité vous conduiront vers la sagesse."

Certainement, il indiquait que tout le travail que les hommes n'ont jamais fait dans le monde dans le passé lointain, est tombé en poussière, mais que le fruit de ce travail existe néanmoins comme sagesse dans l'âme humaine et aussi que cette sagesse n'est pas la simple connaissance des choses que la pensée accumule, mais la réalisation de la vie. La distinction est bien nette entre un homme sage et un homme savant, quelle que soit la branche de son activité dans le monde. Si, par exemple, c'est un homme d'État ou un instituteur, il n'essaiera pas de soumettre soit le peuple, soit les enfants, à une idée ou un plan préconçus, mais au contraire, extrêmement sensible des conditions d'existence de ceux à qui il a affaire, de leurs pensées, de leurs sentiments et de l'état de la conscience, il en aura le même respect qu'éprouve l'ingénieur pour les propriétés de l'acier et du bois qui entrent dans ses plans. Ce n'est point l'homme qui connaît le mieux un sujet qui peut le mieux l'enseigner, mais celui qui est sensible à la vie et, par conséquent, capable de se faire une idée de la conscience de ses élèves. Pour cela, quelque chose de plus que la connaissance acquise par l'étude lui est nécessaire, c'est l'expérience du cœur, celle qui jaillit de la sympathie et du contact de la vie avec la vie. Qui au monde est plus sage que la mère mettant inconsciemment le bonheur de son petit enfant avant tout ? La sagesse est donc une sorte de sentiment sublime, ou plutôt c'est un sentiment sublime parce qu'il est essentiel à l'âme et non transmué de quelque autre chose moindre. Il a ce qui, avec prudence, pourrait être décrit comme son aspect négatif, dans la sympathie pour la vie d'autrui ; et sa forme positive est le pouvoir de l'amour.

C'est cette sagesse-là qui est le véritable sentiment humain et sa corruption, c'est le désir. La sagesse est l'amour des êtres vivants, l'amour de la vie, mais le désir est l'amour des choses. Si un homme est rempli du désir de grandes possessions matérielles ou de pouvoir, de renommée dans le monde, il y a encore derrière tout cela une aspiration vers une vie plus grande. Mais comme il tombe dans l'erreur de croire qu'il n'est qu'une chose matérielle, simplement un corps avec une série de pensées et de sentiments en faisant partie, son idée d'une vie plus grande le convie seulement à l'accroissement de ses possessions et de son pouvoir, demeurant inconscient du fait que ses voisins sont des êtres vivants ; pour lui, ils ne sont rien de plus que des mécanismes matériels animés, complexes et il y a pour eux de l'affection ou de l'aversion suivant qu'ils s'adaptent à ses propres vues et à ses propres plans ou qu'ils y font obstacle. Mais l'homme sage est sensible à la vie dans ces autres êtres. Il la sent immédiatement et ne peut faire aucun plan sans la prendre en considération et l'amour qui, de cette façon, remplit sa vie, l'élargit sans avidité de sa part. Pour lui, poursuivre la renommée n'est point possible ; il n'est pas désireux d'occuper la pensée des autres afin d'en être agrandi et comme multiplié ; plutôt vaudrait-il remplir sa propre pensée, sa propre vie d'eux, de leurs intérêts, de leurs besoins, au moyen de sa propre sympathie universelle.

 L'amour nous fait prendre connaissance avec la vie, non seulement physiquement amenant notre naissance dans ce monde, mais aussi à chaque moment de notre existence il nous ouvre à la prompte sympathie et nous conduit à la nouvelle expérience et au devoir nouveau. Chacun a dans l'esprit le tableau de l'avare d'autrefois allant à sa cave ou à son grenier, la chandelle à la main et s'enfermant pour couver des yeux son trésor, faire couler l'or et les bijoux sur son cou, sur ses bras, s'y baigner avec un plaisir malsain. Et cependant, ce n'était pas un plaisir, car l'avare était constamment rempli de frayeur, tressaillant à chaque ombre que projetait sa lumière vacillante, tremblant à chaque bruit ; et il était absolument vrai que l'égoïsme de cet homme l'amenait à éviter tout contact avec les autres, à rétrécir terriblement sa vie. L'amour est une expansion et rejette la peur ; il fait de l'homme un Homme. C'est le véritable sentiment humain et quand les hommes le perdent, ils ont perdu leur vie même, bien que leurs corps se meuvent.

On entend parfois raconter aux Indes une histoire qui démontre combien l'amour est différent de la pensée et comment les aspirations de l'amour doivent être obéis là où il s'agit de la vie humaine. On conte donc qu'un vieil homme habitait, il y a fort longtemps, un grand village de l'Inde. Il en était, de beaucoup, l'homme le plus riche et le plus puissant, mais il était peu enclin au bien, au contraire il prenait à tâche d'user de son pouvoir et de sa fortune pour persécuter et tourmenter qui lui déplaisait et il était devenu la terreur des villageois. Ce vieillard avait un fils, la bonté même, et chacun soupirait après le jour où il hériterait de la situation et de la fortune paternelles et deviendrait une bénédiction pour tous Il y avait dans cette histoire, un troisième personnage, un *Sannyasi* errant qui, allant de lieu en lieu, faisant le bien, vint à ce village et s'y arrêta quelque temps. Il s'aperçut bientôt de ce qui s'y passait et une curieuse tentation lui traversa l'esprit ; il se surprit à murmurer : "Pourquoi ne tuerais-je pas ce vieillard et ne tirerais-je pas ces pauvres gens de leurs misères, en donnant au fils l'occasion de répandre le bien qu'il fera certainement dès qu'il le pourra ? Le vieillard n'est pas heureux et peu importe ce que je deviendrai, pourvu que je fasse le bien". Alors la question se pose : "Que feriez-vous en pareilles circonstances ? La logique semble approuver ceci". Mais, heureusement, la plupart des gens agiraient comme le fit le *Sannyasi* et laisserait vivre le vieillard, obéissant ainsi à la voix du cœur.

La sagesse en nous sait que nous sommes tous un, et ne saurait penser que le bonheur de l'un peut s'acheter au prix du mal fait à un autre, pas plus que le mental ne pourrait proposer d'acquérir la vérité par de fausses pensées délibérées. Un problème semblable s'impose à l'heure actuelle au monde Occidental, en ce qui concerne les expériences faites constamment sur les animaux vivants. Personne ne les aime ; les cœurs se serrent d'horreur et les étudiants eux-mêmes qui les pratiquent, frissonnent au début de l'idée de ce qu'ils ont à faire jusqu'à ce que leur cœur se soit endurci. Cela se fait au nom de la logique et du bien de l'humanité, et il semble que l'esprit le justifie afin de diminuer la souffrance humaine, mais même si cela diminuait réellement la souffrance humaine, ce qui est absolument impossible par de tels moyens, tant que la loi de *Karma* régira le monde ; cela en même temps endurcirait le cœur humain et retarderait le progrès de la race. Sûrement chacun pense à l'humanité future comme étant composée de gens pleins d'un grand amour et d'un grand pouvoir ; non pas de gens qui ramperont dans les crevasses de la terre, asservis misérablement à des corps décrépits qu'il faut soutenir au prix de souffrances incroyables infligées à leurs compagnons d'existence ; et cependant, nous ne semblons pas comprendre que nous retardons ces temps glorieux par notre manque de sagesse.

La sagesse se voit aussi dans un simple sentiment comme celui du philosophe Emerson qui, au retour d'un voyage, avait l'habitude de serrer la main aux branches basses de ses arbres et de dire qu'il sentait qu'eux étaient contents de le revoir, comme lui-même l'était de se retrouver parmi eux. Elle est apparente aussi dans les écrits et la poésie de Rabindranath Tagore qui peut pénétrer l'esprit d'un petit enfant ou d'un ruisseau, et sentir les desseins de la vie dans les rues malpropres d'une ville surpeuplée. *Jnana*, sagesse, c'est l'amour, la conscience de l'unité de la vie.

CHAPITRE V

POUVOIR DE LA VOLONTÉ

Rappelons-nous l'expérience de l'homme qui ne pouvait pas apprendre à conduire son automobile parce que la pensée des poteaux télégraphiques persistait malgré tous ses efforts à diriger ses mains.

Bien que cet exemple démontre le pouvoir de la pensée, ne croyez pas qu'il démontre aussi la faiblesse relative de la pensée. Dans ce cas, la pensée n'était pas vaincue, mais simplement en suspens. L'homme désirait mais ne voulait pas et la différence est grande entre ces deux choses. La présence dans le mental humain d'un désir ou d'un espoir indique l'absence de volonté et la personne qui se laisse aller à désirer abandonne pour le moment sa divinité et abdique son trône.

La séparation absolue et l'exclusivisme mutuel qui existait entre désirer et vouloir sont très simples à prouver. Votre crayon étant sur la table, si vous vous demandez si oui ou non vous le prendrez, vous vous direz : "Je le prendrai" ou "Je ne le prendrai pas", ce qui n'exprime pas un désir parce que vous savez que cela dépend de vous. Mais si ce crayon pesait 50 kilos ou bien si vous pensiez qu'il les pèse, peut-être vous diriez-vous : "Comme je *désirerais* pouvoir soulever ce crayon".

L'homme qui désire reconnaît par cela même sa dépendance à un hasard extérieur ; il est dans l'attente, mais non pas dans l'attente voulue de quelque chose qu'il est certain d'avoir en temps opportun ; il espère seulement que le monde fera quelque qu'il se trouve désirer. Il n'est pas possible d'exagérer combien il est fou de désirer et l'abandon complet de la volonté que cela implique. Incidemment, nous pouvons ajouter que seul l'homme qui y renonce complètement et pour toujours peut s'avancer loin sur le sentier occulte.

Qu'est donc la volonté si la pensée est le pouvoir qui œuvre parmi les choses ? C'est le pouvoir qui œuvre parmi les pensées et les sentiments. C'est la concentration, c'est l'attention. C'est le pouvoir qui subdivise l'esprit en conscient et subconscient. Si l'homme de l'automobile avait cette simple vérité, il aurait pu écarter très aisément sa frayeur des poteaux télégraphiques. Il se serait dit : "Cessez de penser à ce poteau. Fixez les yeux sur la route et pensez à la route. Oubliez le poteau en remplissant votre esprit de la pensée de la route le long de laquelle vous voulez aller". S'il avait essayé de contrôler non pas ses mains, mais sa pensée, tout aurait été bien. C'est une chose qu'ont sûrement remarquée bien des conducteurs inexpérimentés la nuit, lorsqu'une automobile, avec ses lumières aveuglantes, est sur le point de passer dans la direction opposée; il faut alors que le chauffeur, au lieu de se laisser fasciner par l'idée de frayeur que provoquent ces lumières qui avancent, s'en détourne pour ne penser qu'à l'obscurité de la route où il veut aller, bien qu'il ne la voit pas.

Souhaiter n'est pas une forme de la volonté; ce n'est qu'un désir augmenté; tandis que le désir est habituellement le souhait de posséder quelque chose que l'on n'a pas, souhaiter couvre le champ tout entier et amène avec lui une multitude de craintes pour la pensée de ce que l'on possède ou les chances multiples qui peuvent entraver la satisfaction du désir. Ce n'est point tant un reflet de la volonté qu'un reflet d'amour, mais d'amour défiguré au-delà de toute ressemblance, parce qu'il s'est attaché aux choses, alors que sa sphère propre est la vie consciente.

La volonté est donc l'*Atma*, le soi, se réalisant lui-même et manifestant son pouvoir sur toutes ses relations avec le monde de la vie et des choses. La volonté, c'est le soi qui est soi-même et sa nature se discerne comme telle que chaque fois que les hommes essaient de déterminer leur propre avenir.

Cette volonté est liée au verbe "être" et non pas au verbe "faire". Lorsqu'un homme décide : "Je travaillerai ferme à mes affaires et je gagnerai beaucoup d'argent", en réalité il se dit à lui-même, presque dans son subconscient : "Je veux être riche". Et c'est cela qui pénètre sa pensée et la maintient au service de cette disposition de son être, et ensuite la pensée dirige le travail.

La volonté conduit finalement à la vie réelle subconsciente, bonheur, *Ananda*. L'état de vie *Ananda* est hors du temps, mais la conscience, elle, se meut dans le temps, quoiqu'elle ne se meuve pas dans l'espace ; et ce faisant elle produit l'évolution ou développement qui, pourtant, n'est pas le progrès. Ceci est un point difficile sur lequel je reviendrai plus tard dans cet ouvrage, mais il convient de noter qu'il introduit le principe d'obscurcissement dans la conscience, et dirige le mental comme la volonté dirige son tout vers une partie d'elle-même, pour réaliser plus parfaitement cette partie pour un temps. C'est comme un écolier qui irait à la salle de musique de son école et, pendant un certain temps, donnerait toute son attention à l'étude de la musique, oubliant complètement jusqu'à l'existence de matières telles que la géographie, l'histoire ; en réalité,

V. — POUVOIR DE LA VOLONTÉ

plus cet oubli est complet, mieux sera la musique. Cela est nécessaire tant que l'on cherche à acquérir quelque connaissance nouvelle, mais plus tard, la conscience étant plus puissante, sera capable de détenir en même temps, la musique, l'histoire et la géographie et de s'en occuper à la fois, tandis que maintenant elle n'a de force que pour s'occuper d'un seul sujet. Cela constitue le mental subconscient, dans lequel, volonté, sagesse et activité agissent constamment à l'insu du mental conscient, ou plutôt à l'insu de la partie consciente du mental, car il n'y a pas deux mentals.

Pour mieux me faire comprendre, je raconterai ce qui m'arriva avec un vieux monsieur dans une ville de l'Inde du Sud, expert à se servir du pouvoir de la pensée. Parmi les expériences fort intéressantes qu'il me montra, il y en eut une qu'il fit avec un jeu de cartes. Il écrivit d'abord quelques mots sur un morceau de papier qu'il plia et me fit mettre dans la poche; ensuite, après m'avoir fait battre les cartes, il les étala sur la plateforme où nous étions assis à la manière indienne. Après cela, il me dit de prendre une de ces cartes, n'importe laquelle, et je ramassai la première sur laquelle se posa ma main. "Maintenant, me dit le vieux monsieur, regardez la carte et lisez ce qui est écrit sur le papier que je vous ai remis". Je le fis et, dépliant ce papier, j'y lus le nom de la carte que je venais de prendre. Après quoi, sur sa demande, je donnai les cartes à deux amis indous qui m'avaient accompagné et il refit par deux fois la même expérience sans toucher aux cartes lui-même et après avoir donné à chacun de ces messieurs un nouveau papier.

Il me vint alors l'idée de tenter une petite expérience pour mon propre compte et je priai le vieux monsieur de me donner un autre papier écrit et d'essayer de nouveau, ce à quoi il consentit très volontiers, son but étant de m'instruire, bien plus que de faire montre de ses pouvoirs. Je mêlai les cartes et les étendis comme auparavant, mais au moment d'en choisir une, je fixai ma pensée sur la sienne et mentalement je lui dis : "Quelle que soit la carte que vous avez choisie, c'est celle-là que je ne veux pas prendre". J'en ramassai une, j'ouvris le papier et je vis que cette fois les deux choses ne concordaient pas ; grand fut l'étonnement du vieux monsieur lorsque je soumis à son contrôle le bout de papier et la carte. C'était apparemment son premier échec. Je lui dis alors comment je m'y étais pris, ce qu'il reconnut être une parfaite explication du fait et il me conta alors comment il procédait à cette expérience.

"Premièrement, me dit-il, je choisis une carte et j'écris le nom de cette carte. Puis je concentre ma pensée très fermement sur cette carte et je transfère à votre mental ma pensée qui, dans ces conditions, demeure très ferme, bien que ce soit à votre insu. Or, comme le mental subconscient possède ses propres moyens de perception et que, dirigé convenablement, il est très capable de voir ce qu'il y a sur l'autre face de ces cartes, ce qu'oeil physique ne peut pas faire; et de plus, cette image formée dans le mental dirige ensuite la main et le bras vers le point exact où se trouve la carte. Mais lorsque vous avez opposé votre volonté à la mienne, vous avez détruit l'image que j'avis faite".

Il me complimenta alors à sa manière orientale de la force de ma volonté, mais il est très possible que s'il avait prévu mon intention, il aurait, malgré tout, réussi l'expérience, comme cela arriva ensuite avec mes deux amis indous, quand ils essayèrent de ne pas prendre la carte qu'il avait choisie : il les y obligea chaque fois. On pourrait objecter que le vieux monsieur aurait dû par le moyen de la transmission de la pensée, être instruit de ce que je faisais, mais je pense que son attention était si fortement retenue par ce que lui-même voulait faire, qu'il ne l'a pas remarqué.

Plus tard, eut lieu une suite surprenant à cette expérience, dans mon propre collège d'Hyderabad, province du sud, à deux milles de Trichinopoly, où j'avais passé une matinée avec le vieux monsieur. Un soir, après une journée de travail, j'étais assis dans mon cabinet avec deux amis dont l'un, professeur d'économie politique, faisait partie de mon personnel enseignant. Ce monsieur indou avait fait ses études et obtenu ses titres universitaires à Oxford, et pendant son séjour en Angleterre, avait appris quelques tours de cartes très habiles qu'il nous montrait en manière de distraction. Ma pensée était bien loin de toute espèce de sujet psychique, préoccupé que j'étais plutôt par les troubles sérieux provoqués alors parmi nos étudiants par la situation politique et que je croyais devoir nuire à leur avenir et à celui du pays. Tout à coup, et sans aucune espèce d'avertissement, j'entendis une voix d'homme parler juste au centre de ma tête; elle ne dit que six mots : "Cinq de pique, essayée cette expérience : mais je ne sais comment je compris qu'il s'agissait de l'expérience fait à Trichinopoly, il y avait quelques temps. J'obéis à la voix et j'écrivis immédiatement "cinq de pique" sur un morceau de papier que je pliai et donnai à mon ami le professeur pour qu'il le mette dans sa poche. Je le priai de battre les cartes que moi- même je n'avais pas touchées, de les étaler, la figure en-dessous, sur le parquet où nous étions assis, d'en tirer une au hasard et de la comparer avec ce que j'avais écrit sur le papier. La carte qu'il retourna était le cinq de pique et vous pouvez imaginer sa surprise quand il vit que ce nombre-là était écrit sur le papier dans sa poche. Je ne suis pas absolument sûr de la façon dont m'était parvenue la voix dans ce cas-là, mais connaissant comme je le connais le pouvoir de la pensée, je croix très raisonnable de supposer que le vieux monsieur, vivant à deux milles de distance, s'était aperçu de ce que nous faisions et m'avait suggéré l'expérience à laquelle lui-même s'était employé pour qu'elle réussisse. Comme preuve à l'appui de ce que peuvent la volonté et le pouvoir de la pensée sur la partie subconsciente du mental, cette expérience était d'une grande valeur.

Lorsque nous considérons la manière dont la pensée est le pouvoir agissant parmi les choses de notre vie et dans le corps, nous devons nous rendre compte que c'est quelquefois de la pensée subconsciente, qu'en fait, bien des "accidents" de notre vie sont dus en réalité à notre pouvoir de pensée opérant de cette manière et souvent dirigé par la volonté. Un homme peut, par exemple, un certain soir n'ayant rien de spécial à faire, décider de faire une promenade. Il met son chapeau, suivant le cas, descend sur la route et sans réflexion tourne à droite ou à gauche. Dans le cours de la promenade, il rencontre quelqu'un qui lui suggère, soit une nouvelle affaire, soit une nouvelle ligne d'action qui éventuellement, change complètement sa vie ou ses circonstances, de telle sorte que plus tard, en jetant un coup d'oeil en arrière, il y verra le point tournant de sa carrière ; il se félicitera de la chance qu'il a eue de se promener ce soir-là, et justement dans la rue où il a rencontré cet ami. Ce n'était peut-être pas de la chance, mais plutôt l'homme supérieur en lui qui l'a dirigé aussi sûrement que ma main avait été guidée, pour choisir la bonne carte parmi toutes celles qui étaient étalées sur le plancher. Au moins, chacun sait que de temps à autre, il y a quelque chose en lui qui réussit parfois à impressionner la partie consciente de son mental, par ce que l'on nomme habituellement la voix de la conscience qui connaît la véritable direction de la vie, bien mieux que l'homme agissant dans les limites de son mental conscient.

Ayons donc toujours présente bien clairement la véritable distinction entre *Ichcha* et *Kriya*, c'est-à-dire volonté et activité. N'oublions pas que le premier est aussi loin que possible du désir, et que le second est l'activité de pensée; que tous deux sont des pouvoirs, le dernier agissant sur les choses y compris le corps, le premier sur soi- même, c'est-à-dire sur ses propres pensées et ses propres sentiments.

CHAPITRE VI

MATIÈRE, ÉNERGIE ET LOI

Nous avons remarqué dans le monde de la conscience trois principes toujours présents, évidents à différents degrés et en proportions différentes, à différents moments. De même, dans le monde de *Sat* se trouvent trois principes distincts appelés *Tamas*, *Rajas* et *Sattva*, que l'on peut traduire par matière, énergie et loi. La science moderne, comme la science ancienne, a également découvert ces trois dans cet un et a observé aussi leur inséparabilité. Ce sont les principes de matière, non pas des propriétés, mais des états d'être matériel et un corps peut les manifester à des degrés divers en des moments différents, tout comme la conscience peut employer la volonté, l'amour ou la pensée, bien que tous ceux-ci soient toujours présents dans une certaine mesure.

Le monde objectif est un monde de corps dont l'un obstrue l'autre et qui peuvent tout aussi bien bloquer la conscience quand celle-ci se soumet à la matière en s'immergeant dans un corps. On n'aperçoit un objet que parce qu'il obstrue notre vue et le monde est plein de lumière uniquement parce que l'obscurité ou l'impénétrabilité à la lumière de son atmosphère matériel diffuse les rayons du soleil. Chaque atome de matière est, semblerait-il, un point sombre dans l'espace, qui est impénétrable et sur lequel on ne peut donc agir que de l'extérieur. L'interpénétration de la matière dot parlent les Théosophes signifie simplement que des corps plus raffinés peuvent exister dans les interstices de ceux qui sont grossiers ; dans ce cas, bien que deux corps, ou davantage, s'interpénètrent et occupent le même espace, la matière de ces corps n'en fait pas de même. Cette qualité d'obscurité, de stabilité, de résistance ou d'obstruction que l'on trouve dans les objets du monde était appelée *tamas* par les savants anciens. C'est cette qualité de la matière qui, dans le langage et la pensée ordinaires, est prise comme étant la matière elle-même, c'est-à-dire ce qui donne corps à la matière et forme ainsi dans l'espace des points pour l'application de la force. La matière possède de cette façon ce que nous pourrions appeler une volonté propre (bien que ce soit une volonté négative, l'entêtement), qui

VI. — MATIÈRE, ÉNERGIE ET LOI   49

sans nul doute est elle-même et nullement désireuse de livrer son existence.

Au cours du dernier siècle il était généralement admis que le monde entier était construit de briques minuscules, nommées atomes dont il y avait une variété considérable. On pensait que chacun d'eux était absolument immuable, de sorte qu'on pouvait dire des unités de la matière qu'elles étaient immortelles — c'est-à-dire, incréables et indestructibles. Alors on considérait que de même qu'une centaine de mille briques peuvent être employées à la construction d'un des nombreux modèles de maisons; qu'une fois construite, on pouvait modifier et refaire par le retrait et la redistribution de ses briques constituantes : de même le monde se composait d'atomes qui étaient constamment regroupés en ses formes changeantes. En ce qui concerne tous les projets humains l'idée est vraie. C'est une manifestation de *tamas* dans un certain état d'être matériel, mais ce serait complètement vrai si la stabilité était l'unique propriété constituante du monde de la matière qui vient à la portée des cinq sens.

Le deuxième constituant de la substance est l'énergie de la matière, *rajas*, qu'on croit être, dans les sphères scientifiques d'aujourd'hui, la source et la base de la matière même, bien que le temps montrera que cela également est matériel et jamais sans corps ou principe. La conception de l'énergie naturelle que l'on trouve dans les livres élémentaires sur la mécanique servira très bien pour décrire cette propriété constituante de la substance. Tous les étudiants savent bien qu'aucun corps matériel ne changera pas ses conditions d'équilibre ou de mouvement sans qu'il ne lui soit appliqué une forme quelconque d'énergie, à moins qu'il ne s'agisse d'un corps complexe dans lequel l'éclosion de forces actives internes aboutit à un nouvel équilibre du tout, comme, par exemple, lorsqu'un rocher sur la pente d'une colline se désagrège et roule brusquement en bas.

Une bille, par exemple, sur une table de billard ne se mettra pas en mouvement d'elle-même. Si elle est en mouvement, elle ne s'arrêtera pas sans l'intervention d'une forme quelconque de résistance ou d'autre force contraire agissant de l'extérieur — la résistance de l'air, la friction sur la table ou l'obstacle causé par les bandes ou les autres billes; on peut montrer également que l'énergie de la bille en mouvement et celle de la force qui annihile ce mouvement sont égales.

Mais toutes ces choses sont des phénomènes superficiels, manifestant *rajas* comme l'atome chimique fait ressortir *tamas*. De même que l'atome peut être décomposé, et son aspect de *tamas* atténué au point que le monde déclare qu'il est seulement l'énergie, de même l'énergie surgit et s'évanouit dans l'arrière-plan de *sattva*, la loi, qui est l'essence même du monde objectif, comme *jnana* est l'essence du monde de la conscience. Cette énergie peut surmonter le temps comme la conscience surmonte l'espace, par exemple je soulève une balle du sol sur la table. Une certaine quantité d'énergie a été utilisée pour la soulever, et la même quantité sera dépensée de nouveau si en quelque temps futur elle tombe de la table sur le sol, ainsi qu'on pourrait le démontrer s'il était possible de la faire rendre du travail pendant la chute ou de mesurer la chaleur générée par son arrivée en contact avec le sol. La chaleur, le son, la lumière, les phénomènes électriques, le potentiel chimique et bien d'autres sont des formes d'énergie ; et aussi loin que l'on puisse humainement ou de toute autre façon, faire des découvertes, on ne trouve nulle part une parcelle de matière qui soit dépourvue d'une de ces formes. De récentes études au sujet de la relativité ont remis en avant la question de la conservation de l'énergie, mais ces recherches pénètrent profondément dans la relation interne des propriétés constituantes de la substance et ne détruisent pas la réalité du principe de l'énergie. Il est suffisant pour notre but d'admettre qu'il y a une énergie naturelle, et que ce n'est pas la spontanéité.

La troisième propriété constituante de la matière est la loi. Je sais que cela semble bizarre, et que la plupart des chercheurs scientifiques diront du premier coup que le monde se compose uniquement de deux choses, la matière et l'énergie, pourtant ils affirmeront que la loi et l'ordre sont apparents en toutes choses. Cette affirmation est quelque peu inconsistante, et les savants anciens de l'Inde n'en étaient pas dupes, car sans hésitation ils déclaraient que *sattva* ou la loi était une des propriétés du côté matériel de l'être. Il en est effectivement ainsi et ce n'est réellement pas une conception plus difficile que celle de l'énergie objective. Nulle part dans le monde entier on ne trouve la matière ou l'énergie sans la manifestation de quelque loi déterminant la nature des activités du corps et ses relations avec les autres corps. Chaque élément chimique, chaque atome, a sa fonction aussi sûrement que chaque graine a sa tendance à germer et à former une espèce définie de plante ; et la mise à exécution de cette loi fait partie de la routine de la nature, *sat* ou l'être.

Il était parfaitement clair pour les savants anciens que *sattva*, *rajas* et *tamas* étaient les *gounas* ou propriétés de la matière, que l'ensemble de la matière n'était que ces trois, et qu'il ne pouvait exister autre chose que la matière. Les trois mots sont également employés sous une forme d'adjectif pour décrire la nature des

VI. — MATIÈRE, ÉNERGIE ET LOI

choses, comme, par exemple, dans la *Bhagavad-Gita*, où l'on lit des nourritures *sattvique, tamasique* et *rajasique*, c'est-à-dire celles ayant tendance à construire le type de corps dans lequel prédomine la qualité mentionnée, de sorte qu'un corps *rajasique* est un corps énergique ou même turbulent. Tout objet contient les trois *gounas*, mais un d'eux prédomine et lui confère sa qualité marquante; de même que toute conscience ou portion de *chit* rend manifeste la volonté, l'amour et la pensée bien que ceux-ci n'apparaissent pas d'égale manière dans un caractère donné : un d'eux en général conduit et inspire résolument les deux autres.

CHAPITRE VII

LE DIVIN ET LE MATÉRIEL

Nous avons maintenant à comparer le monde de *sat* avec celui de *chit*, afin de voir quelle est leur relation. On appelle, à juste raison, le premier, matériel ; le second peut être le plus justement défini comme divin, et l'on doit se représenter qu'aussi nombreuses qu'apparaissent les choses du monde matériel et la conscience du monde de *chit*, chaque monde demeure néanmoins en réalité une chose et une conscience.

Cette grande vérité apparaît clairement parmi les choses matérielles et son affirmation est très importante. Le monde de l'être ne se compose pas d'une quantité de choses assemblées ensemble ou synthétisées ; il n'est pas construit d'un grand nombre varié de ses propres pièces ou de briques. Tout au contraire, le procédé est l'inverse, et toutes les choses que nous connaissons n'en sont que des abstractions. Elles sont une, et leur unité apparaît dans leur complète dépendance externe les unes des autres. Voyez, par exemple, ce qui se produit dans le cerveau d'un enfant quand il ouvre ses yeux sur le monde. Tout d'abord il n'y a juste que quelque chose d'énorme et d'indéfini, puis graduellement dans cette masse générale se distinguent plus proéminents ou plus vifs des choses, et plus tard parmi celles-ci de plus petites encore. C'est quelque chose de comparable au spectacle qu'a le voyageur lorsque son navire approche de la côte. Premièrement, on aperçoit quelque chose qui peut être la terre; puis elle devient plus distincte, plus fortement marquée et des montagnes sont visibles; ensuite le voyageur commence d'apercevoir des arbres, des maisons, jusqu'au moment où, très près, il peut voir des personnes, des animaux et même des fleurs.

Psychologiquement une pareille différence dans le bloc ou la masse des choses est nécessaire pour acquérir de la connaissance; chaque syllogisme à sa prémisse universelle, sans laquelle il n'y aurait pas de raison et pas d'acquisition de connaissance définie, qui, après tout, n'est jamais l'acquisition de quelque chose de nouveau, mais la perception nette de ce qui était vague ou inaperçu auparavant. Il est bien connu que nous percevons les choses par comparaison.

VII. — LE DIVIN ET LE MATÉRIEL

Mettez ensemble un chien et un chat ; étudiez leurs ressemblances et leurs différences, et vous saurez ensuite ce qu'est un chien, ou ce qu'est un chat, bien mieux que si vous les aviez étudiés séparément. Encore, celui qui réfléchit le mieux à un sujet quelconque est l'homme qui a déjà le plus d'idées pour effectuer la comparaison avec, pourvu que ces idées aient été bien assimilées, soient claires et bien classées dans son esprit. Tout acte de penser est réellement abstrait ; l'esprit ne peut garder deux idées à la fois, mais il peut en retenir une contenant deux ou plusieurs autres, c'est-à-dire une dans laquelle elles ne sont que des parties du grand tout.

Ce n'est pas seulement logiquement mais bien en fait que la plus petite idée est dépendante de la plus grande ou la partie du tout. C'est la caractéristique des choses matérielles de n'avoir pas d'initiative et de ne pas se transformer, mais de dépendre de l'extérieur quant à leur modification. Ainsi un livre peut se trouver sur la table, et il demeurera là parce que la table est là. La table à son tour est supportée par les lames du parquet, et celles-ci par les poutres, qui reposent elles-mêmes sur les murs. Les murs reposent sur les fondations, et les fondations sur la terre. De plus, la terre est un corps matériel suspendu dans l'espace par les attaches invisibles de l'énergie matérielle de la nature ; de sorte qu'elle dépend des autres planètes, du soleil et des étoiles. Ce n'est que l'ensemble de l'être qui se soutient soi-même, et toutes les parties en sont dépendantes. On ne peut pas trop énergiquement déclarer que le tout n'est pas constitué des parties, mais que les parties sont des déductions du tout, dans lequel elles ont leur support, leur source et leur racine.

Dans le monde de la loi, toute réalité objective existe éternellement. Nous savons, par exemple, que si nous faisons exploser ensemble les proportions requises des deux gaz incolores oxygène et hydrogène, ils disparaîtront tous deux et un peu d'eau les remplacera. On dira certainement que la même matière essentielle se trouve encore là ainsi que la même énergie, mais vous devez comprendre que rien de nouveau n'a été obtenu même en ce qui concerne les propriétés. Il est évident qu'il n'y avait pas d'eau là auparavant et qu'elle y est maintenant ; et si vous preniez uniquement en considération les propriétés ou apparences des choses, vous pourriez croire que quelque chose est sorti de rien. Mais tout ce qui est arrivé c'est que vous avez rendu manifeste pour vous et les autres (qui dans ce cas sont un avec vous) la réalité toujours existante.

La meilleure illustration que je puis donner de ce fait est celle d'un enfant jouant avec des cubes peints. Il a une boite contenant environ vingt morceaux de

VII. — LE DIVIN ET LE MATÉRIEL

bois cubiques, et sur chaque face des cubes se trouve un fragment carré d'une image. L'enfant met les cubes sur la table ou sur le plancher ; il les retourne et les arrange côte à côte jusqu'à ce que les morceaux qu'il faut aient été mis en place afin de former une seule image. Ensuite, il les mélanges de nouveau et les arrange avec un autre côté sur le dessus, de façon à former une nouvelle image. Il peut croire qu'il a fait ces images, mais il n'en est pas ainsi ; il y a eu au début un artiste, et tout ce qu'a fait l'enfant a été de mettre les choses ensemble afin qu'apparaisse l'image crée par l'artiste. De même, lorsque l'oxygène et l'hydrogène ont été combinés, l'eau est apparue, et rien n'a été ajouté ou retiré de la réalité. Cela est vrai pour toutes choses, et toute production ou invention humaine suit la même loi. C'est cette réalité que l'esprit perçoit comme étant ce qu'on nomme ordinairement loi naturelle. Cette loi est une réalité existence — *sattva* — le monde des idées, l'esprit objectif universel.

Il a été donné, quelquefois, un autre nom à *sat* — le grand principe passif. Dans ce tout, comme je l'ai dit, il n'y a pas d'initiative, parce qu'il n'y a pas de temps, qui appartient à *chit*. Nous avons vu la complète dépendance qu'a le livre de la table ; la table, du parquet, et ainsi de suite, et nous avons considéré la totalité des choses. La totalité doit être existante par elle-même, créative par elle-même, transformable par elle-même ; il n'y a pas d'être extérieur de son espèce pour lui appliquer du dehors une énergie matérielle. En d'autres termes, elle est en même temps divine. *Brahma* est animé par *Vishnou*.

Mais *chit* est divine dans toutes les parties. C'est le grand principe actif, la conscience existante par elle-même, crée par elle-même, transformée par elle-même, indépendante et toute initiative, l'être du temps. J'ai pour une raison très spéciale, employé le mot divin au lieu du terme spirituel qui peut se présenter à certains esprits pour représenter cette idée. Le mot spirituel implique un sens de matière ténue, pareille à un souffle, éthérée, mais tout de même de la matière. Mais le mot divin vient de la même racine que le sanscrit "div", qui veut dire "briller" et apparaît dans les mots tels que *div*, ciel ; *divakara*, le soleil, et *déva*, une créature céleste.

Le divin est donc ce qui brille de sa propre lumière, ou du dedans, et beaucoup parmi les anciens prenaient le soleil comme son symbole, parce que du soleil rayonnait toute la lumière, toute la chaleur et toute la vie de notre globe ; tandis que la lune demeure à son encontre le symbole de la matière, ne brillant que de lumière réfléchie. Pour quiconque se donne la peine de méditer sur la matière, l'Être Divin, le Logos Solaire, est

VII. — LE DIVIN ET LE MATÉRIEL

discernable du matériel, Son monde, par Son caractère d'indépendance et d'initiative. Un des mots les plus frappants qui le désigne est *Swayambhu*, l'Être existant par lui-même. Il est l'omnipotent, l'omniprésent et l'omniscient, parce qu'Il est l'ensemble de *chit* dans notre système solaire — *chit* à la perfection — tandis que l'homme n'est que partie de ce *chit*, et ne possède les trois qualités que sans le préfixe omni. À strictement parler, on ne devrait pas employer le mot Dieu pour désigner cette Conscience, qui est notre plus Grand Frère. Notre conscience est quelque chose que nous ne sommes pas, mais que nous utilisons ; comme notre corps est quelque chose dont nous nous servons. Nous appartenons au Dieu Universel, la vie réelle, au-delà de la matière et de la conscience, au-delà de *purusha* et de *prakriti*, au-delà du matériel et du divin.

CHAPITRE VIII

HARMONIE

Notre histoire de la colonne de lumière racontait, au début, la nuit pendant laquelle *Vishnou* et *Brahma* ne collaboraient pas ensemble avec harmonie, mais se heurtaient et se disputaient, jusqu'à ce que *Shiva* rétablît l'harmonie par sa présence, leur fit comprendre qu'ils étaient tous deux un Seul en Lui, et commença un nouveau jour de l'être. De même nous trouvons que *chit* et *sat*, ou une sphère plus petite l'homme et le monde extérieur de son expérience, semblent être en antagonisme absolu, jusqu'au moment où nous découvrons qu'il y harmonie complète d'intention dans leurs relations, qu'il y a une raison valide de leur conflit apparent.

Ananda est derrière eux deux; en *Shiva* ils ont leur union. Le rapprochement de *chit* avec *sat* est plein d'*ananda* ou joie, ainsi que chaque créature qui aime sa propre vie en témoigne, car ce qu'on nomme communément la vie n'est que l'interrelation de ces deux. C'est une idée familière qu'au-dessous du règne humain la vie est pleine de joie, que dans le monde animal la douleur n'est pas fréquente et qu'elle ne dure pas, que le moment de la peur ou de la crainte ne survient que lorsqu'il y a menace de suppression de la vie. Les millions de bœufs qui vont mois après mois aux abattoirs de Chicago et d'autres villes n'ont aucun sentiment de peur ou de chagrin avant que leur fin ne soit proche, parce que leur connaissance et leur imagination ne leur disent pas ce qu'il y dans l'entrepôt, alors que leur vie au dehors dans les prairies a été douce, quoique les hommes l'appelleraient étroite. De plus dans la nature, la peur généralement agit sur les glandes afin d'augmenter la puissance physique ; cela stimule la conscience, comme lorsqu'une petite créature se complait dans l'adresse de la dérobade qui lui fait éviter une plus grande qu'elle.

Par ailleurs a été contée l'histoire du grand phoque de San Francisco. Il y a quelques années vivait sur les rochers au bas des falaises un grand phoque qui était le roi du troupeau encore là de nos jours, et de mémoire d'homme il avait été le chef pendant cent vingt années. Cependant, un jour un autre magnifique phoque, plus jeune, vint du Sud, et sembla penser qu'il devrait être

VIII. — HARMONIE

le souverain de ces rochers. En sorte que le nouvel arrivant se battit avec le vieux chef et tous deux combattirent farouchement pendant trois jours, au bout desquels le plus vieux couvert de blessures nagea jusqu'au rivage et mourut. Telle est l'image de ce qu'on a décrit comme "la nature rendue rouge des dents aux griffes par la rapacité", mais si vous la considérez du point de vue de la conscience intérieure vous verrez que cette bataille ne fut pas sans sa joie. Les créatures à ce stage vivent davantage en sensation qu'en réflexions, et l'âge avancé n'est pas pour eux la chose profitable qu'elle peut être pour l'homme. En vérité, lorsque le pouvoir des sens du corps commence à décliner, la conscience suit rapidement dans son sillage, puisqu'elle n'a plus l'actif stimulant qui était sienne auparavant. Donc que la conscience du phoque sorte de son corps dans un épanouissement de gloire, au milieu de la plus frappante expérience qu'il n'ait jamais eue, cela ne doit pas être sujet à pitié, d'autant plus que dans la grande excitation du combat il est fort improbable que l'animal fut accessible à grande peine physique.

 Lorsque nous arrivons à l'homme, véritablement tout n'est pas joie, mais la raison en doit être recherchée dans le fait qu'il a, dans l'affirmation de ses pouvoirs récemment réalisés, créé de la désharmonie entre lui-même et le monde. C'est lui qui dans la jouissance de *chit* a négligé *ananda*, et *Shiva* doit lui être révélé avant qu'il puisse retrouver le stage puéril de l'animal qu'il avait perdu. Dans la vie de l'homme, *Vishnou* et *Brahma* doivent devenir des amis, et *Shiva* sera présent dans leur union.

Ce n'est pas une idée familière au monde occidental que l'harmonie entre la conscience humaine et son entourage est une des grandes réalités de la vie. Même ceux qui croient que ce monde est celui de Dieu, pensent pour la plupart que c'est simplement le lieu où Il garde en probation les âmes qu'Il a fait, afin qu'après un certain temps Il puisse décider quelles sont celles qui valent la peine d'être conservées et quelles sont celles qui doivent être rejetées comme mal faites. Et ceux qui croient seulement à l'évolution de la forme ne pensent ordinairement pas que l'esprit humain, considéré pourtant comme un produit de la nature, soit en harmonie avec sa source, mais qu'il s'est en quelque sorte développé comme un parasite non désiré, et qu'il tient sa place dans la nature comme un envahisseur tenace. Pourtant l'harmonie existe là tout de même, et c'est quelque chose de merveilleux, l'enfant de *Shiva* Lui-même, né seulement du désir de *chit;* c'est vraiment en tant que *Shiva* Lui-même, né pour unir *Vishnou* et *Brahma*.

VIII. — HARMONIE

Pour le traduire en langage plus ordinaire, je dirai que la nature s'est montrée l'amie de l'homme. Il est vrai que la tendance de la nature est celle de la destruction, et que tout chef-d'œuvre de main d'hommes est bientôt réduit en poussière, mais s'il n'en était pas ainsi ce monde ne pourrait pas être pour l'homme l'école de Dieu.

Si les maisons étaient impérissable et si, par quelque sortilège étrange, la nourriture pouvait être remangée continuellement, peu d'hommes travailleraient à produire de nouvelles choses ; en vérité le travail supplémentaire que demanderait la destruction des vieilles choses encombrant le monde serait un découragement de plus pour cette minorité qui était désireuse de travailler à quelque chose de nouveau. L'homme aurait peu le motif d'employer son pouvoir de la pensée ou de la volonté. La nature n'a pas fait la vie trop facile pour l'homme, elle ne l'a pas faite trop dure non plus, mais lui a toujours présenté des expériences d'un genre favorable au développement des pouvoirs de conscience tels que les siens. Le témoignage de ces faits est l'homme lui-même, qui a grandi à travers les âges et qui s'avance sûrement, par l'usage actif de ses pouvoirs, au-devant d'un pouvoir encore plus grand dans l'avenir.

L'une des *Upanishads* donne une curieuse définition de l'homme lorsqu'il en parle comme de l'être à la fois puissant et impuissant, à la fois ignorant et sage.

Comparez-le dans la nature avec n'importe quelle autre créature et voyez son impuissance et son ignorance ! Il n'a pas de vêtements naturels, ni d'armes naturelles proprement dites, ni célérité des pieds, ni ailes pour échapper à ces ennemis ; il ne possède pas non plus la connaissance naturelle de l'instinct qui indique aux autres créatures ce qui est nourriture de ce qui est poison, quels sont ses amis, quels sont ses ennemis et comment construire un foyer ? On pourrait croire que la nature s'est mise contre l'homme pour l'avoir envoyé aussi impuissant dans le monde ; mais, en fait, il n'en est pas ainsi. L'homme sans vêtements naturels apprit à se servir de son intelligence : en conséquence il s'est pourvu de vêtements avec lesquels il peut vivre sous n'importe quel climat, et par son intelligence il a appris à fabriquer des armes et des outils qui l'on sacré maître du monde.

L'homme primitif a pu se plaindre de son incapacité et prié Dieu de l'en débarrasser ; mais l'homme intelligent, qui est la réincarnation du même, jetant un regard en arrière, remercie Dieu des occasions qui lui ont été données et de l'honneur qui lui a été fait en le rangeant au cours des âges comme un être divin, se créant lui-même sans relâche par son propre labeur et non pas une chose matérielle moulée par force de l'extérieur. Maintenant il voit l'harmonie entre l'homme et son entourage à travers le temps ; il se rend compte que le monde a été et est l'ami de l'homme — non pas un ami sentimental, mais un ami dans l'adversité et en fait. Parce que l'homme appartient au côté divin des choses, non au côté matériel, il se développe de cette manière, conquérant sans cesse pour lui-même une part plus grande des pouvoirs divins, et Dieu l'aide en S'incarnant Lui-même comme le principe d'harmonie. Il est omnipotent, mais il a pourtant des choses qu'Il ne peut faire. Par exemple, Il ne peut faire un grand nain ou cercle carré, car si le nain était grand ce ne serait pas un nain et si la surface était carrée ce ne serait pas un cercle. De même, Il ne pourrait faire une volonté dépendante, car une volonté qui ne serait pas indépendante ne serait pas une volonté du tout. Donc, Il reconnaît la divinité de l'homme par ce grand arrangement en vue de l'évolution de sa conscience et de son pouvoir, par lequel l'homme est véritablement existant par lui-même, créé par lui- même, divin aujourd'hui et de tout temps.

    C'est cette harmonie entre *chit* et *sat* dans notre monde d'expériences qui est *maya*, souvent dénommé illusion. C'est l'illusion non pas parce qu'irréelle en quelque chose, mais parce qu'elle est méprise pour la vie, et confondue avec la vraie vie qui est *ananda*. Les livres disent donc que l'homme, pour être libre, doit s'affranchir lui-même de cette harmonie, une fois que l'évolution de sa conscience est complète; qu'il doit détruire ce qu'on appelle quelquefois le point de rencontre entre celui qui voit et ce qui est vu; il doit demeurer ensuite dans son propre état. Cet état est *ananda*, et également *Kaivalya*, l'état d'unité, car l'unité de *Shiva* n'est jamais troublée même par la présence de *Vishnou* et de *Brahma*.

Dans la *Bhagavad-Gita*, *Shri Krishna* parle aussi de cette harmonie comme étant son *daiviprakriti*. En langage courant, le mot Vie est justement employé pour représenter l'interrelation qui est *maya*, le point où le monde se représente la vie non pas comme le *chit* en eux-mêmes, ni comme l'énergie de la nature à l'extérieur, mais comme l'harmonieuse interaction entre les deux, dans laquelle le dedans et le dehors sont également pris en considération. Dès qu'on parle philosophie, les gens croient que quelque chose de nouveau est nécessairement désigné par des mots tels que vie, ici en tout cas il n'en est pas ainsi. Cette vie est *maya*, une illusion, simplement parce qu'elle n'est pas la vraie vie qui est toute de bonheur, la vie de *Shiva* Lui-même, mais seulement Sa renaissance dans cette dualité.

CHAPITRE IX

LES SEPT PRINCIPES

Puisqu'il y a trois aspects de la conscience et trois constituants de l'être, plus l'harmonie entre eux qui est *maya*, il y a sept vérités fondamentales, pas une de moins, pas une de plus, dans l'ensemble du monde des expériences humaines. Ces sept ne découlent pas de trois dans notre système de *maya* ou vie, parce que ce système fait partie d'un autre plus large dans lequel existaient déjà les sept ; mais en formant Sa Trinité de Son Septuple Soi, *Shiva* prête, semblerait-il, trois des sept à *Brahma* et trois autres à *Vishnou*, gardent le septième, *ananda*, pour Lui-même.

On verra par-là que ces sept sont parfaitement égaux : aucun d'eux n'est fait d'un mélange ou d'une combinaison de l'un des autres, et ils sont à bon droit nommés principes — choses premières. Si pour plus de commodité nous les représentons par des chiffres, ces chiffres ne sont que des appellations arbitraires qui ne donnent pas aux réalités une base relative, ou bien si nous les représentons par des diagrammes, ce n'est que dans un but mnémotechnique, et les qualités mathématiques des diagrammes ne doivent pas être appliquées aux principes. Le danger de se servir de tels diagrammes est qu'ils appartiennent eux-mêmes à un principe, et tendent à faire regarder les autres du point de vue de ce seul principe, voilant ainsi la nature réelle des autres. Néanmoins, je me hasarde aux deux diagrammes suivants :

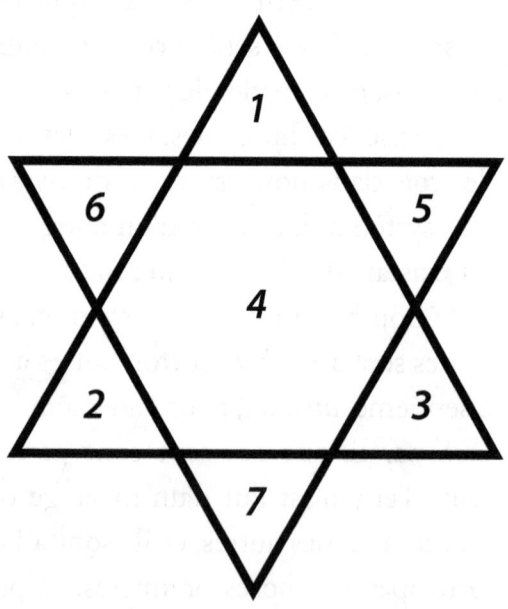

IX. — LES SEPT PRINCIPES

		VISHNOU		
SHIVA	VOLONTÉ	SAGESSE	ACTIVITÉ	SHIVA
		(AMOUR)	(PENSÉE)	
	1	2	3	
		4 MAYA		
	7	6	5	
	MATIÈRE	ÉNERGIE	LOI	
		BRAHMA		

Le premier diagramme demande peu d'explication puisqu'il montre les triangles entrelacés familiers aux Théosophes. C'est la meilleure indication des sept, et j'ai mis des chiffres pour les nommer — 1, 2, 3, 4, 5, 6, 7. Le triangle pointant vers le haut est *chit*, celui pointant vers le bas, *sat*, et l'ensemble est un symbole de l'expression au travers de deux trinités ayant rapport l'une avec l'autre et composées de sept principes égaux qui sont :

1. *Ichcha*
2. *Jnana*
3. *Kriya*
4. *Maya*
5. *Sattva*
6. *Rajas*
7. *Tamas*

Le deuxième diagramme montre de quelle manière ces sept sont répartis dans la grande trinité ; mais le lecteur doit prendre garde, surtout dans le cas actuel, de ne pas se représenter une série comme étant superposée à l'autre dans l'espace.

Sur le chemin du bonheur tout le monde passe par trois étapes dans l'évolution — en premier l'état de *sat*, puis celui de *chit*, enfin celui d'*ananda*. Ceci indique pourquoi tous les êtres recherchent le bonheur, et chacun des sept principes qui animent leur vie dans le monde n'est qu'un moyen pour arriver à cette fin. Même l'amour, l'essence même de la conscience, disparaît en cette fin.

L'homme étant, en sa présente phase, dans l'aspect de *chit*, se représente Dieu dans la nature, ou *sat*, comme étant à l'extérieur de lui-même, et de Dieu dans la conscience, ou *chit*, comme étant en lui-même ; mais Il se trouve également présent en tous deux, et dans la pratique l'homme recherche son bonheur dans Ces deux sphères, Pourtant, chaque homme appartenant à *Shiva*, il possède, comme Lui, les sept principes qui œuvrent à mettre sa conscience en rapport avec les sept réalités fondamentales de la vie. Pourtant, à l'encontre de *Shiva*, l'homme les possède inégalement, et l'un est toujours plus puissant que les autres. On appelle celui-là son rayon. Tous les principes universels exercent continuellement leur attraction sur les hommes, mais chaque homme répond plus particulièrement à celui de son rayon, qui devient alors son plus grand idéal dans la vie, et peut exciter sa conscience à la vie la plus active dont il soit capable. Les principes ont déjà été énumérés sous des termes sanscrits ; ceux qui suivent sont les idéaux qu'ils inspirent respectivement :

1. Liberté
2. Union
3. Compréhension ou Intelligence
4. Harmonie
5. Vérité
6. Bonté
7. Beauté

Ichcha est volonté, et de la discussion que nous avons déjà eue à son sujet, il est clair que l'état de vie de l'être qui s'y complait est un état de liberté ; quand ce principe est le plus puissant dans l'homme il mettra la liberté au-dessus de tout. Ainsi que nous l'avons déjà vu, *Jnana* est la sagesse qui fait qu'une conscience vibre en parfaite harmonie avec une autre. C'est l'amour qui aspire toujours à une union plus grande ; bien que l'unité complète comme la liberté complète, ne soit possible qu'en *ananda*. L'intelligence et la compréhension sont des mots qui impliquent tous deux une activité du pouvoir mental ou pensée, et la grande soif de l'homme ayant *Kriya* principe dominant, est de saisir le schéma des choses en son entier. J'expliquerai, au chapitre traitant du quatrième rayon, les attractions exercées sur l'homme par le principe d'harmonie, et qui sont trop complexes pour être mentionnées brièvement ici.

Les races et les nations, comme les hommes, ont leur principes dominants, et je ne peux pas en donner de meilleur image qu'en disant qu'aux premiers jours de l'histoire aryenne, et même de nos jours aux Indes, ce sont les idéaux dont il vient d'être parlé qui ont la plus grande attirance ; nous voyons des hommes cherchant Dieu au dedans, comme ils le disaient, suivant ces trois lignes, très clairement visibles dans les grandes écoles de yoga de Patanjali, de *Shri Krishna* et de Shri Shankaracharya respectivement. Mais lorsqu'on arrive au milieu de la race, aux Grecs, on voit le principe d'harmonie exercer une grande attraction, et les sages commencer à diriger la race vers une appréciation de Dieu comme *sat*, et l'éveil d'un grand désir se révéler parmi les hommes de découvrir la vérité, la bonté et la beauté.

Les trois modes de recherches à l'extérieur correspondent à ceux de la recherche à l'intérieur, car il y a correspondance entre Dieu au dehors et Dieu au dedans, entre Dieu dans la nature et Dieu dans la conscience. Ceci se produit entre *ichcha* et *tamas*, par conséquent entre la volonté dans la conscience et la stabilité dans les choses. La volonté est la stabilité de la conscience et la matérialité est, semblerait-il, l'opiniâtreté des choses, en un mot, la ténacité *tamas*. Or, comme il sera expliqué plus loin, cela c'est la beauté, l'éternel équilibre des choses matérielles parfaites au repos ou en mouvement.

Comme *tamas* correspond à *ichcha*, de même *rajas* correspond à *jnana*. Ce dernier dans l'homme est l'amour, l'énergie de la conscience qui amène et tient ensemble les nombreux êtres vivants ; le premier apparaît dans l'homme comme le désir rassemblant ensemble toutes choses et cherchant la bienfaisance universelle. L'idéal de Dieu comme bonté fait que les hommes Se recherchent dans ou derrière la nature comme le dispensateur de bonté : Dieu est, semble-t-il, adoré comme la somme de toutes les choses bonnes.

La correspondance entre *kriya* et *sattva* est celle entre la pensée et les lois de la nature qui constitue la vérité sur les choses. L'homme qui cherche la vérité par les recherches des choses est celui qui sent qu'il y a une vérité ou réalité en elles qui est l'ultime de toutes choses, devant laquelle elles doivent toutes se courber. C'est la prédominance des trois derniers idéaux dans les plus récentes races aryennes qui a mis en avant dans leurs existences les trois grandes formes d'adoration de Dieu en *sat,* ou la nature, qu'on nomme communément science, dévotion et art. S'il y a quelque point obscur au sujet du second de ces derniers, souvenons-nous que les nations européennes, en leurs lieux d'adoration, rendent hommage à Dieu et Le vénèrent comme le maître et le dispensateur des choses bonnes, et L'apprécient pour ce qu'ils appellent Sa bonté.

La correspondance entre les sentiers de recherche, intérieur et extérieur, les idéaux qui les gouvernent et leur représentation dans les affaires humaines, apparaissent dans le diagramme suivant :

Liberté	1			5	Vérité	
Gouvernement					Science	
		4	Harmonie			Volonté - Amour - Pensée - cherchant au dedans et agissant sur le monde des choses
Union	2	Interprétation		6	Bonté	
Philanthropie					Religion	
		(Imagination)				
Intelligence	3			7	Beauté	
Philosophie					Art	

Volonté - Amour - Pensée - cherchant à l'intérieur et agissant sur la conscience

CHAPITRE X

INTERRELATIONS

J'ai expliqué que *Shiva* est un, et que Son unité n'est pas trouvée par la présence de *Vishnou* et de *Brahma*, qui existent en Lui et sont chacun triple. *Shiva* est aussi essentiellement septuple, ainsi que l'indique l'exposé précédent et comme je l'ai dit auparavant. Le septième principe qu'Il garde est quelquefois nommé la synthèse des six autres, mais est, en réalité, le premier principe ; il n'est pas composé de la réunion des autres, mais est ce dont quoi ils sont dérivés par déduction.

Or, *Shiva* affecte les six principes, comme séparé de l'unique, par Son *Maya*, mais Lui-même demeure l'unique *Ananda*.

Vishnou affecte *Shiva* par *ichcha* et entre en contact avec *Brahma* par *Kriya*, et en lui-même demeure essentiellement *jnana*, l'amour, la conscience universelle au cœur.

Brahma regarde vers *Vishnou* par *rajas* et *Shiva* par *tamas*, et demeure en lui-même essentiellement *sattva*, loi ou l'esprit universel ou encore le monde des idées.

Vishnou et *Brahma* existent côte à côte durant l'âge de la manifestation ou jour de *Brahma*, et sont maintenus en harmonie par *Shiva* au moyen de son yoga *maya*.

Le diagramme suivant illustre ces faits :

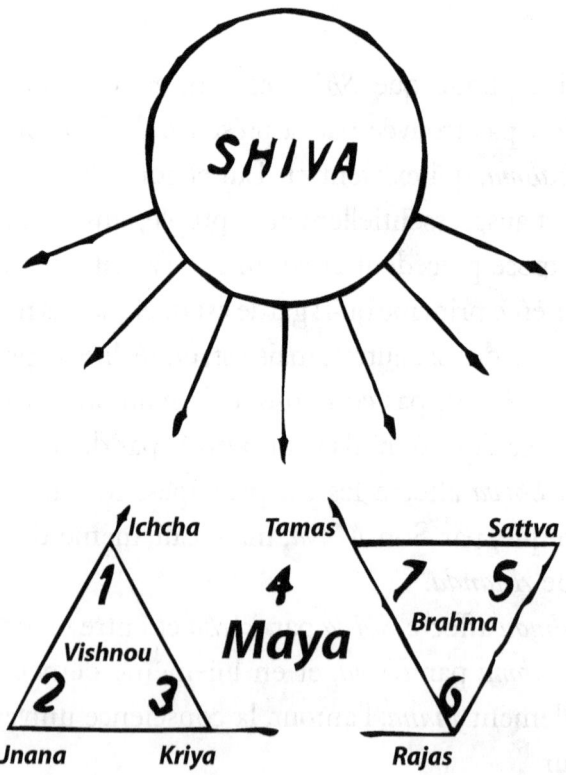

X. — INTERRELATIONS

La conscience de chaque homme est une portion de *Vishnou* ou *chit* et l'évolution entière à travers tous les plans dont parlent les Théosophes est l'expansion de sa conscience dans le but d'acquérir une part toujours plus grande de *Vishnou*, qui est le Logos Théosophique et qui a été nommé par certains le Dieu ou conscience suprême de ce système de mondes. Il n'est pas le Dieu universel, mais le Dieu de la conscience, et sa triple nature est *ichcha*, *jnana* et *Kriya*.

Pour comprendre ceci, ne pensez pas du tout aux plans, mais essayez de vous représenter que *Vishnou* est la conscience entière du système.

Le Grand Triangle dans la Hiérarchie Occulte de notre globe est une partie importante de *Vishnou*, dont la conscience de chaque homme est une plus petite partie. Ses trois membres — le Seigneur du Monde, le Bouddha et le Maha-Chohan — représentent donc l'*ichcha*, le *jnana* et le *Kriya* du *Vishnou* Solaire. Mais puisque *Vishnou* demeure en contact avec *Shiva* et *Brahma* tout le long de la ligne de conscience, non pas seulement aux centres solaires, ces grands fonctionnaires accomplissent cet office pour la conscience mondiale. Le Seigneur du Monde regarde donc, semble-t-il vers le Dieu universel, *Shiva*, afin que la conscience de notre globe puisse connaître le soi et accomplir sa volonté ; le Seigneur Bouddha tient le *jnana* uni de notre globe et l'offre au *Vishnou* solaire. Chacune de ces deux sont en quelque sorte des fonctions cachées — au-delà du royaume de *maya*. Mais le Maha-Chohan dirigeant le *Kriya* de notre globe, se sert de ce pouvoir pour s'occuper du triple *Brahma*, et par suite, au moyen de *maya*, relier la conscience de notre globe au triple monde de la matière. Il a donc cinq principes à sa charge.

Toute vie est la vie de *Shiva*, mais l'humanité traverse, en ce moment, la phase de *Vishnou*, en sorte que, chaque homme, tout en appartenant à l'un des principes fondamentaux de la vie unique de *Shiva*, manifeste actuellement sa nature essentielle au travers d'une forme de conscience. Mais souvenez-vous que la conscience, le cours du temps, n'est pas sa véritable vie ; de même que l'être seul, le cours de l'espace n'est pas sa conscience. L'homme se sert d'une portion de *Brahma* pour son corps et de même il se sert d'une portion de *Vishnou* pour sa conscience, mais sa véritable vie est au-delà de la conscience.

Puisque *Shiva*, son véritable Dieu, est également un avec *Vishnou* et *Brahma*, il peut, dans l'état conscient de la vie *mayavique*, aller à sa recherche en tournant sa conscience au dedans ou au dehors, vers les principes universels manifestés au travers de *Vishnou* ou de *Brahma*. La volonté, l'amour et la pensée deviennent ainsi doubles, vers le dedans se dirigeant vers la conscience, ou bien vers le dehors se dirigeant vers la matière, selon le rayon de la personne jouissant de cette conscience.

Cependant, bien que chaque homme vive dans la trinité de la conscience, puisqu'il vient de *Shiva*, il est lui-même septénaire, et l'ensemble des sept principes sont inséparables et présents en chaque homme, mais celui qui domine dans sa nature est appelé son rayon. Le rayon d'un homme n'est donc pas seulement une chose immatérielle, mais n'est même pas aussi une distinction dans la conscience : il lui appartient dans son rapport avec *Shiva*. On ne peut donc jamais le voir, parce que la vue est un des sens, aussi élevé que soit son plan, et son but est toujours les *gounas*, le *sattva*, le *rajas* et le *tamas*. La conscience n'est jamais visible, la vraie vie, *ananda*, l'est encore bien moins, Pourtant, si un homme porte visiblement ses efforts dans une certaine direction et possède des types de matière appropriés (la vie dans la phase de *sat*) à ses véhicules et à ses entreprises, nous pourrons en conclure que son rayon a dicté le choix de son travail et déterminé les caractéristiques de son corps.

Lorsque nous parlons du rayon d'un homme et pensons ainsi à son principe dominant, n'oublions pas le fait qu'il possède également tous les autres principes ; n'oublions pas, non plus, que nous parlons d'un homme, c'est-à-dire de quelqu'un devenu le maître de lui-même, tout au moins jusqu'au point où sa vie est conduite du dedans de sa conscience et n'est pas simplement une suite de réflexes ou de réponses serviles à l'entourage. Un homme qui recherche Dieu au moyen de son idéal est positif, non pas submergé dans *sat* ou surmonté par lui, comme le sont les hommes non développés. Il se sert de son pouvoir de la pensée pour découvrir la vérité, ou de celui de la sensation pour trouver la bonté des choses, ou bien encore de celui de la volonté dans le travail pour trouver et révéler la beauté. Toutes ces activités sont bien différentes de la servitude et de la négativité de l'homme embryonnaire vivant sans autre but que celui de s'abandonner aux plaisirs oisifs, nonchalants et égoïstes.

Les rayons des animaux sont très apparents, mais ceux de l'homme ne le deviennent qu'après un degré considérablement élevé dans le règne humain ! la raison en est qu'il y a eu, dans un sens très vrai et naturel, une chute de l'homme. Il s'est constitué pour lui-même, en même temps que le développement de ses pouvoirs mentaux, un tel mélange de *karma* et il s'est rendu accessible à tant d'influences que, généralement, ses profondes aspirations spirituelles sont laissées de côté et même disparaissent de sa propre vision. Cependant, si

X. — INTERRELATIONS

l'on avait l'habileté et la patience d'analyser cet homme ordinaire, on découvrirait que l'un de ses principes est plus puissant que les autres, et conduit les forces de son âme vers l'aspect universel de lui-même.

On peut discerner le rayon avec une facilité relative dans un homme énergique, qui n'est pas esclave de son corps ou d'émotions personnelles en relation avec ce corps ou d'idées fixes qu'il a acquises, mais possède réellement en lui-même une volonté, un amour ou une pensée active par lesquels il conduit sa vie ; et cet homme peut se poser certaines questions qui l'aideront à trouver son rayon, mais que je dois taire jusqu'au moment où les rayons spécifiques auront été décrits.

Dans la vie ordinaire de l'homme, les rayons se manifestent dans les types généraux suivants :

1. L'homme de volonté, cherchant l'indépendance par la maîtrise du soi et de l'entourage ; le chef.
2. L'homme d'amour cherchant l'unité par la sympathie ; le philanthrope.
3. L'homme de pensée cherchant la connaissance par l'étude de la vie ; le philosophe.
4. L'homme d'imagination cherchant l'harmonie par une triple voie ; le magicien, l'acteur et l'artiste symbolique.

5. L'homme de pensée cherchant la vérité dans le monde; le savant.
6. L'homme d'amour cherchant Dieu comme étant la bonté dans le monde; le dévot.
7. L'homme de volonté cherchant la beauté qui est Dieu dans le monde; l'artiste et l'artisan

Les modes d'expression et d'activité de ces types généraux sont très nombreux, et l'on verra par leur description plus détaillée dans la deuxième partie de cet ouvrage qu'ils comprennent respectivement les caractéristiques attribués aux rayons suivant les différentes nomenclatures publiées dans le monde.

DEUXIÈME PARTIE

LES SEPT RAYONS

CHAPITRE XI

LE PREMIER RAYON

"Être gouverné par soi-même ou être dépendant de soi-même, c'est le bonheur ; être gouverné par les autres, c'est la souffrance", a dit le Manou de notre race. Ce sentiment convient à l'homme du premier rayon, parce que c'est le premier des Trois rayons de l'indépendance et de l'intuition.

On dépeint les hommes de ces trois rayons comme des indépendants parce qu'ils n'envisagent pas le monde du point de vue de l'instructeur ou de la mère généreuse, ni comme étant une demeure magnifique, mais plutôt comme une terre d'aventures pour la ferme volonté, le cœur joyeux ou l'esprit ambitieux ; une terre sur laquelle on est venu d'un pays lointain pour accomplir des hauts faits et des prouesses. Un tel homme est plein d'initiative car il n'attend pas après les choses et les évènements pour donner de l'impulsion à son activité, mais il incline à traiter tout, quelquefois sans aucune considération, comme des pions de la partie qu'il joue, comme des matériaux pour un plan qu'il met à exécution. On l'appelle l'homme d'intuition parce qu'il se sert avec réflexion de ses facultés de pensée et de sentiment dans son jeu de la vie, et ces facultés s'accroissent par cet entraînement. Il désire davantage de perception du soi dans la volonté, davantage de perception de la vie dans le cœur, davantage de perception des choses dans le mental — il recherche Dieu ou le bonheur dans ces choses de la conscience intérieure et utilise la vie dans ce but, tandis que d'autres regardent le vaste monde au dehors avec leurs facultés de pensée, de volonté ou de perception, et profitent par l'enseignement que leur donne la nature.

Ces deux sentiers principaux mènent au même résultat : un accroissement de la vie complète, intérieure et extérieure. Car tandis qu'un homme recherche le divin dans la nature, la beauté, la bonté et la vérité de cette même nature agissent sur lui et développent les pouvoirs de son âme ; lorsqu'il s'efforce de donner libre cours aux forces qu'il sent en lui, il s'aperçoit qu'il ne peut le faire qu'en les employant à l'amélioration du monde extérieur. Chaque homme donc, en même temps, recule à l'intérieur et avance à l'extérieur.

XI. — LE PREMIER RAYON

Dans l'homme de volonté du premier rayon, la note dominante est l'autonomie. Si vous appartenez à ce rayon, votre sens du soi sera grand (ce qui pourra être très pénible si vous n'êtes pas bien doué sous d'autres rapports) et tendra à vous donner une fermeté au milieu des hommes et des évènements que rien au monde ne pourra ébranler, une propension d'être positif dans l'action, et le courage de regarder la vie comme une aventure, au lieu de prendre refuge et de se reposer parmi les choses. Si c'est là votre fort, il n'y aura pas de "home" pour vous dans le monde entier, mais la dignité du soi sera le centre et le point d'équilibre de votre être. Ce n'est pas une majesté extérieure qui insiste pour être reconnue d'autrui, ou agit dans ce sens — un tel agissement serait un signe de dépendance de l'extérieur — mais un sens élevé de l'état d'homme, de son propre être, et une frémissante horreur du doigt de l'adversité ou des personnes qui peuvent toucher au sanctuaire du soi. De même que personne ne peut voir la beauté sans l'admirer (quelques-uns la regardent il est vrai, sans la voir) et que personne ne peut voir la vérité sans la reconnaître ; de même quiconque ressent au-dedans la présence du soi ne peut être qu'un prêtre jaloux de son sanctuaire. Cette dignité est loin de l'orgueil ; un tel homme est trop fier pour être fier. Ce n'est pas un sentiment de supériorité qui crée cette majesté ; elle ne se compare à nulle autre et on ne peut en déterminer l'étendue. On est désireux de ne faire qu'un avec les autres sur une base commune et à se faire mendiant pour Dieu. On n'est pas tant intéressé à ce dont quoi on est qu'à ce qu'on est. On est par dessus tout l'homme sans désirs, vivant du dedans.

Comme conséquence de cette puissance vivante ressentie dans la vie, le grand idéal de ce rayon c'est l'indépendance en vie du dedans, l'affranchissement des contraintes de l'entourage, une tendance à régir les évènements et à les conformer à ses plans. Sur son échiquier, l'homme de ce type aura toujours son plan d'attaque en plein développement le plus tôt possible, et il ignorera autant qu'il le pourra les mouvements de son adversaire, se servant de chaque coup et de toutes les pièces disponibles pour l'attaque qu'il a combinée. C'est la caractéristiques de la volonté de chercher à atteindre sa fin par tous les moyens, ou en d'autres termes, de fixer son attention sur la tâche à accomplir, de sorte que finalement le but est atteint tôt ou tard.

C'est cette perception de sa propre divinité qui fait quelquefois dire à l'homme "Je veux", même lorsqu'il ne sait pas de quelle manière, car il a une intuition infaillible du fait que le soi en lui est l'arbitre absolu et final de sa propre destinée, puisque c'est le rendement de sa propre force. En lui, la pensée comprend le soi, la dévotion s'incline devant lui, les mains œuvrent pour lui et toutes les autres parties de son corps le chérissent ; l'homme peut donc réellement vouloir avec sa vie et avec son être entier. Cet homme, en raison de son équilibre intérieur, est à son mieux dans l'adversité, et il regarde d'un oeil amical la destruction qui a continuellement lieu dans le royaume de la nature. Quelques personnes sont terrifiés par la sombre loi de la nature, et luttent contre elle, mais lui ne l'envisage que comme étant son propre pouvoir à une échelle plus grande et il l'aime comme le lutter le fait d'un adversaire digne de lui. Il apprécie la valeur du travail au travailleur, et lorsqu'une chose est bien faite, il perçoit la volonté derrière elle, et elle lui apparaît comme un hymne triomphant, qui l'aide à chevaucher sur les forces du monde ; dans une mesure moindre le nageur expérimenté en fait tout autant lorsque, sachant qu'il est sauf dans l'eau, il se répète d'une façon semi-consciente cette pensée avant d'entrer dans l'onde ; et de même que c'est la nage qui est bonne et non l'eau, de même cet homme n'a aucune illusion quant à la valeur intrinsèque des choses du dehors. Il ne travaille pas dans le but d'avoir la satisfaction d'acquérir une situation matérielle afin de se créer plus de confort ou afin de se reposer : aussi la destruction et les échecs ne l'émeuvent pas. Quand il a en vue un nouveau projet, il est toujours prêt à débarrasser le terrain pour l'action ; il laisse les vieilles choses s'en aller ou bien il les enlève du chemin, et quelquefois, il peut être légèrement impatient avec les choses ou les personnes qui introduisent dans son dessein des sentiments, des pensées et des mots inutiles.

Il a généralement un plan sur pied et lorsque celui-ci est terminé, un autre suit, aussi régulièrement que les vagues de l'océan se succèdent les unes aux autres. Vous surprenez parfois cet homme dans un moment de destruction, déchirant avec grand plaisirs vieilles lettres et vieux papiers, débarrassant sa bibliothèque de livres désuets, jetant meubles et vêtements anciens, ou bien profitant d'un voyage pour se débarrasser de toutes ces choses comme un chien mouillé secoue l'eau de sur son dos. Il se prépare à entreprendre une nouvelle aventure dans l'orgueil de sa force nue, de ses membres libres, et ses narines frémissantes. On n'aperçoit pas cet esprit de destruction chez l'homme du deuxième rayon, qui aime toutes choses parce qu'elles partent du labeur humain et incarnent un peu de l'âme et de l'énergie humaine. Je connais un homme très intellectuel appartenant à ce rayon qui avait l'habitude d'ouvrir complètement les enveloppes qu'il recevait afin de pouvoir écrire sur les parties blanches, non pas parcimonie, bien que lui-même qualifiait son acte d'économie et d'horreur du gâchis, mais parce qu'il chérissait les travaux de l'homme.

L'homme du troisième rayon regardera deux, trois fois et plus encore, l'objet devenu inutile et finalement le mettre de côté, en disant qu'un jour viendra peut-être où on pourra s'en servir encore.

L'homme de la volonté n'a pas eu encore son jour dans la science de l'économie politique, mais lorsqu'il se lèvera on verra qu'il respectera le consommateur autant que le producteur ; il pourrait dire, en termes brutaux, qu'on devrait payer les personnes pour absorber des aliments et se servir d'autres articles, tout aussi bien que pour fabriquer ces choses ; sauf bien entendu, lorsque le jour de l'anarchie idéale sera venu dans un lointain avenir et que l'humanité aura appris la leçon de fraternité, où, à ce moment, aucun paiement à qui que ce soit ne sera plus du tout nécessaire.

Le soi est sacré. Il n'est donc pas surprenant que les gens respectent leurs personnalités, lorsque c'est tout ce qu'ils connaissent du soi ; l'indignité et le ridicule personnels sont les plus grands tourments pour les hommes qui n'ont pas encore très clairement perçu le soi au-dedans d'eux-mêmes. Ce n'est pas une bonne politique que de mépriser la personnalité, car le dieu derrière l'idole est réel ; si la personnalité fait la folle ou la sotte en ce moment, sa force provient du dieu au dedans, et dans un instant il surgira sous son véritable aspect. Sa personnalité est ainsi donc le vrai compagnon et le meilleur ami de l'homme sur terre, même lorsqu'elle semble agir en ennemie.

C'est la même volonté chez l'homme qui donne un sens de réalité aux choses, et fait de "mon expérience", la dernière épreuve de ce qui est réel, de sorte que toute pensée et toute sensation reposent sur elle. Le témoignage d'autrui est sans valeur s'il entre en conflit avec elle, et si l'homme de ce rayon suit un instructeur ce n'est point parce qu'il s'est assujetti à autrui car l'instructeur est considéré davantage comme un guide que comme un maître ; et lorsqu'il suit un chef ou un capitaine c'est parce qu'il en a décidé ainsi. Si le capitaine lui dit "Vous devez", il répondra "Je veux", et si le capitaine réplique : "Vous devez parce que je le dis", il répond : "J'ai décidé de vous obéir et, en ce faisant, j'obéis à moi-même". Il peut n'en être pas conscient d'une façon si nette, mais néanmoins, le fait demeure que pour lui il n'y a d'autre alternative que de suivre le soi au dedans de lui-même.

Une personne de ce rayon sentira que la vie est faite pour l'action, et la nécessité d'une décision dans les affaires courantes s'imposera fortement à elle. Si elle suspend son jugement dans une question, ce n'est pas par manque de volonté, mais c'est parce qu'elle dé-

XI. — LE PREMIER RAYON

cide de suspendre son jugement; en réalité, elle agira peu souvent ainsi et préférera prendre une détermination temporaire quitte à réviser cette décision plus tard, plutôt que de ne rien décider du tout. Elle perçoit qu'elle doit jouer son coup dans la partie, même si la suite ne lui apparaît pas très distinctement. Il peut donc se trouver qu'elle apprenne bien davantage par les expériences qui découlent de ses actes, qu'en pensant aux suites possibles d'une action dans un certain sens. Il y a aussi une tendance dangereuse à une fixité dans ses décisions de la question ou de la chose. Elle a pris une décision et ne reviendra pas dessus à moins qu'elle n'ait volontairement résolu de le faire ; il est quelque fois difficile pour les personnes de son entourage de l'amener à une telle résolution. Parfois même, cet individu peut croire qu'une chose se présentant à son esprit sous une forme donnée, qu'elle est réellement ainsi en fait, et il projettera sa propre conviction intérieure dans le royaume de la nature ; il pensera que la chose est bien ainsi, et refusera d'aller se rendre compte si cela est vrai ou faux. Tout ceci provient du simple fait que sa volonté est le principe le plus fort, qu'elle est continuellement en activité régissant ses pensées et ses émotions, les polarisant suivant son but ou sa tendance prévalents.

Les tendances ultimes de notre être sont profondément cachées dans le soi, et la volonté n'est ainsi donc que le soi tourné vers la succession des événements. La destinée des hommes étant une, ils veulent tous la même chose au tréfonds de leur être, et ce n'est qu'en raison de cette unité fondamentale que l'indépendance complète peut être obtenue. D'autre part, si l'on dit du yogi en méditation qu'il est ferme comme un roc, on peut également dire que notre homme est semblable à un pilier de fer. Son indépendance temporaire réside dans sa faculté, à l'instar de certains Stoïciens de l'antiquité, de ne prêter aucune attention aux choses en dehors de sa portée, car il est le parfait maître de lui-même et, par suite, de tout ce qui est sous sa dépendance dans le monde. Pour cet homme il n'y aurait aucune importance à ce qu'il soit seul de son opinion et que le reste de ses semblables soit contre lui; cela ne ferait naître aucun doute quant à la véracité de son opinion. Si, d'autre part, il est évident qu'un homme bien cultivé, de ce type, accorderait une considération respectueuse aux autres opinions, mais ce serait tout. Une fois qu'il s'est tracé une ligne de conduite, cet homme peut la suivre isolé à travers un monde antipathique, car il ne prend jamais son inspiration du dehors ; d'où il s'ensuit que les gardiens de l'Humanité le choisissent pour inaugurer de nouveaux modes de vie sur la terre.

La volonté étant la faculté de se modifier soi-même, le contrôle de soi-même et la pratique de l'austérité sont faciles pour l'homme sur ce sentier. L'homme du premier rayon se gouverne avec une main de fer. Si un tel individu apprend que l'alimentation animale, par exemple, est mauvaise du point de vue physique ou moral, il la mettra de côté sans effort, et si le corps proteste en disant : "J'ai un grand désir de viande ; avez-vous réellement l'intention de me laisser sans en avoir jusqu'à la fin de la vie ?", sa réponse sera sans hésiter : "Oui, c'est bien là mon intention." S'il croit que certains exercices sont bons, il les pratiquera, sans que la répugnance ou l'inertie du corps puissent l'en détourner. Mais dans tout ceci il n'y aura pas de tension ou d'excitation, pour la simple raison que la volonté c'est ce qu'il y a de plus calme au monde. On croit quelquefois que la personne grande, bruyante et impressionnante est celle de la volonté, mais cela est faux ; un tel personnage usera de cette méthode, parce qu'il pense que c'est une manière effective de contraindre les autres à lui obéir, et s'il pense ainsi c'est qu'il sait d'une façon semi-consciente que lui-même peut être influencé par les chose bruyantes agissant sur lui de l'extérieur — choses auxquelles l'homme de la volonté ne se soumettra jamais. Certes oui, la volonté est ce qu'il y a de plus calme au monde. Et l'homme de la maîtrise de soi-même ne considèrera pas l'austérité comme une fin en elle-même, mais uniquement comme la vraie vie du soi pur dont la pureté est sacrée, non parce qu'elle est une possession ou une fin, mais parce qu'elle est l'être même.

C'est parmi les Indous que nous trouvons peut-être, d'une manière large et nationale, la preuve la plus frappante de ce pouvoir. Beaucoup de personnes, aux Indes, attachent peu d'importance aux choses extérieures tant que le soi au dedans est satisfait; vous rencontrerez souvent, dans la vie des affaires, des personnes très fortes sous ce rapport, mais faibles sous d'autres aspects de leur nature, et vous trouverez que ces personnes sont tout à fait désireuses de vous faire croire que vous agissez selon votre désir et de vous maintenir dans la joie de cette illusion, tandis qu'au dedans d'eux-mêmes, ils se réjouissent dans l'opinion que ce sont eux qui font ce qu'ils veulent. Le premier rayon est souvent un sentier étrangement silencieux; même le son qu'on entend au dedans est une voix du silence, et sur le sentier du yoga ce son silencieux est pour l'homme, un guide bien supérieur à aucune clairvoyance. Parmi les philosophies pratiques, celle de Patanjali dans l'Inde est bien typique du rayon qui nous occupe. Ses *Yoga* Sutras contiennent l'enseignement pour l'homme de volonté. Elle propose *Kaivalya* ou l'indépendance comme but aux efforts de l'élève, et la maîtrise du corps, des sens et du mental sont autant d'étapes vers sa réalisation. Cette école, même dans son cours élémentaire qui traite de la nécessité de révérer le divin en toutes choses, atteignant ainsi la véritable connaissance, place en premier lieu le travail de tapas qui, entendu dans un sens juste et large signifie la maîtrise de soi-même dans toute son acception.

Le premier rayon a donné naissance chez les Romains et les Grecs à l'école stoïcienne, et c'est principalement chez les premiers que l'aspect de cette grande philosophie atteignit à son apogée. De ce temps-là, tout homme véritablement stoïcien percevait la noblesse du soi — il pouvait franchir le seuil de sa maison en flammes, contempler le fruit de son travail réduit en cendres, et dire qu'il n'avait éprouvé aucune perte, puisqu'il n'existait aucune richesse en dehors du soi. C'était là un fait pour lui, puisqu'il tenait toute expérience, aussi douloureuse fût-elle, comme destinée à enrichir sa vie.

Je n'ai pas parlé des défauts de ce rayon parce qu'il n'en existe pas, dans les rayons. Il peut se faire que l'homme appartenant à un rayon quelconque ne soit pas très cultivé dans les autres principes de sa constitution et dans ce cas l'homme de volonté se montrera plutôt personnel, tyrannique, subtil, insouciant, brutal, imprudent, inconsidéré, etc., dans la poursuite de ses fins; pourtant, on ne doit point imputer ces défauts à sa force dans une seule direction, mais à sa faiblesse dans les autres; le remède ne consiste pas à détruire la puissance qu'il possède, ni à décourager les aspirations de sa caractéristique essentielle, mais plutôt à les diriger dans des meilleurs canaux afin qu'il se rende compte combien plus riche peut devenir sa vie, et combien plus grandiose peut devenir son but s'il apprend à respecter tout ce qui est beau, gracieux et bon dans ce monde merveilleux d'être, qui est l'école de Dieu pour nous tous.

On trouve quelquefois cette volonté chez les enfants sous la forme curieuse de l'entêtement. L'enfant veut faire quelque chose et s'apprête à le faire, quand un plus âgé indiscret vient lui dire qu'il faut qu'il fasse cette chose. Sa joie en est toute gâchée, et l'enfant proteste soit en paroles violentes, soit en un silencieux entêtement. J'ai eu connaissance d'un jeune garçon, âgé de six ans, auquel sa mère voulait faire porter une certaine chemise, mais elle l'avait formulé en des termes peu agréables à son caractère, et il refusa, très indigné. On appela le père. L'enfant n'avait réellement aucune aversion spéciale pour cette chemise, et il était désireux

XI. — LE PREMIER RAYON

de quelques paroles de douceur qui lui permettraient de céder ; au lieu de cela, le père le battit, et entre ses dents le jeune garçon dit : "Maintenant, je ne la porterai pas même si vous deviez me tuer !" Les parents et les adultes ignorants s'efforcent de briser le caractère de tels enfants, afin de les rendre plus gracieux et plus obéissants ; en effet, ils réussissent parfois à les convertir en personnages bons, ordinaires et honorables, dont la bonté, n'est, la plupart du temps, bonne à rien, ni pour eux, ni pour personne. Une telle bonté n'est tout juste pas de la méchanceté, comme la conception de la paix pour beaucoup n'est tout juste pas la guerre. Si l'enfant avait été traité avec amour, il aurait vibré en réponse, et à sa volonté aurait été ajouté l'amour : plus tard, dans sa vie d'homme, il y aurait eu l'amour appuyé par la volonté, au moyen desquelles de grandes choses auraient pu être accomplies dans le monde.

Si le travail de l'homme du premier rayon le mêle au gouvernement des choses publiques, et c'est une tâche qui lui est souvent dévolue, il le fera bien, parce que dans l'administration de soi-même il aura trouvé sa propre puissance d'indépendance. Si donc, c'est un homme aimant également ses semblables, il s'efforcera d'apporter cette indépendance aux autres, non pas en leur imposant du dehors des règlements, mais en excitant en eux la volonté à prendre une plus grande place dans leur vie. L'homme pur et bon de chaque rayon désire uniquement procurer aux autres la joie de l'idéal qu'il a trouvé pour lui-même, et si de plus, il est sage, il s'efforcera d'utiliser son pouvoir au service de leurs idéaux.

CHAPITRE XII

LE DEUXIÈME RAYON

La caractéristique du second rayon c'est l'expression positive dans la vie de cette sagesse qui perçoit au travers de la sympathie l'état de conscience dans les autres êtres, et le prend en considération dans ses rapports avec eux. C'est également un rayon de l'initiative car l'amour est l'énergie active de l'âme, le *rajas* de la conscience, et toutes ses activités tendent à faire fleurir la fraternité et à rendre plus complète dans la vie notre unité les uns avec les autres.

Les personnes qui ne sont pas de ce rayon, tout en étant capables de beaucoup de sympathie envers les autres, soit dans leurs plaisirs, soit dans leurs peines, tout en se rendant compte des avantages que les hommes retirent de leur coopération, ne peuvent pas si bien comprendre que l'union n'est pas un accommodement mais un fait, que la fraternité est davantage que la coopération, car elle implique du sentiment alors que la coopération ne le fait pas. Lorsque ce sens de l'union est assez fermement établi dans le cœur de l'homme, il ne pensera pas aux autres de son point de vue personnel ; il envisagera que le bien d'autrui peut enrichir sa vie et il se mettra en rapport avec leur conscience par l'intermédiaire de quelque sensation subtile, de sorte qu'il s'intéresse autant à leur vie et à leurs desseins jusqu'aux siens propres. La sphère de cette sensibilité s'élargit de plus en plus au fur et à mesure qu'évolue l'homme du second rayon, et il devient un père, un citoyen, ou un patriote idéal, enfin un frère pour l'humanité entière, et il chérit quiconque vient à portée de ses yeux.

Il possède donc en son cœur la solution de tous les maux sociaux : la grande puissance de l'amour ; et l'une de ses non moindres qualités est l'universalité de cet amour qui lui fait respecter non seulement ceux qui sont pareils à lui, et qui, par suite de cette similarité, lui sont flatteurs, mais également ceux que le rang ou l'espèce lui rendent totalement indifférents. Bien plus, cette universalité le fait presque révérer ceux qui lui sont dissemblables, parce qu'ils possèdent une portion de cette glorieuse lumière de la conscience qu'il n'a pu inclure dans la petite partie que lui-même détient. Pour faire son bonheur, il n'est pas nécessaire qu'il possède les moyens d'avoir des plaisirs et des divertissements, mais il est de toute nécessité que les autres aient ces moyens; donc, toute son activité, se répand en altruisme et l'amour parfait a rejeté la peur, l'envie et la plupart des causes humaines de conflit. J'ai entendu parler d'un homme pauvre qui s'asseyait près du portail de l'homme riche, et pouvait jouir de ses plaisirs sans être écrasé par le poids de ses biens; il regardait passer les gens heureux et prospères, jetait un coup d'oeil à travers les fenêtres des vastes entrepôts et cela lui suffisait amplement. J'ai également entendu parler de l'homme qui, au retour d'un voyage, s'aperçoit qu'il a perdu sa montre en or et au lieu de gémir: "Hélas! hélas! J'ai perdu ma montre", s'écrie avec joie: "Eh bien! quelqu'un a dû trouver cette montre!" Ce sont peut-être des types idéaux d'hommes du deuxième rayon, ils en sont néanmoins une indication frappante.

Les hommes réellement de ce rayon sont disposés à souffrir pour leur amour, bien que sans aucun doute, l'extase qui l'entoure les empêche de voir la nature de sacrifice d'une grande partie de leur vie. Ce n'est pas le genre de personnes venant en aide à ceux qui souffrent uniquement dans le but d'alléger leurs propres souffrances qu'elles éprouvent par sympathie; ce ne sont pas des personnes dont le premier souci est d'éviter des scènes de souffrance et de le les reléguer si possible loin de leur vue afin qu'elles soient oubliées. Elles sont prêtes à regarder face à face le monde avec toutes ses imperfections, son mélange de joies et de peines et elles disent humblement: "Seul Dieu est bon, et tout ceci n'est que meilleur ou pire ; mais il y a toujours place pour se réjouir car le pire devient toujours le meilleur, et parce que tout acte de bonté, d'amitié ou de service contribue au mieux qui, finalement, nous conduira à tout ce que nous pouvons penser comme étant bon." La doctrine de l'évolution de la vie allant toujours plus haut et plus loin plaît aux personnes de ce genre, les remplissant d'une énergie qui ne laisse pas leur amour être un simple sentiment, mais le pousse à se répandre de toute sa force.

Il y a une raison à cet attrait exercé sur ces personnes par l'hypothèse évolutionniste : c'est la loi d'amour manifesté dans la vie du monde. Considérons sa définition la plus effective, telle qu'elle fut donnée il y a bien des années par Herbert Spencer. Il déclara qu'elle entraînait une modification progressive d'un état d'homogénéité incohérente à un autre d'hétérogénéité cohérente de structure et de fonction. Cela veut dire, en termes plus simples, que chaque organisme dans le monde ayant et manifestant de la conscience, devient une chose de plus en plus définie et indépendante ; elle devient une chose ayant de plus en plus un caractère à elle propre, mais en même temps elle est entraînée vers une unité avec les autres, dans laquelle elle est employée pour ne plus que son soi soit séparé. Cela veut également dire que les choses autrefois semblables et séparées deviennent différentes mais unies ; que, dans la fin idéale la loi et l'ordre auront triomphé du chaos et de l'obscurité et tous canaux auront été rendus parfaits pour le rayonnement universel de la vie sur la terre comme c'est le cas dans le ciel.

Faire partie de cette marée montante, c'est la joie de l'homme du deuxième rayon, il ne se plaindra pas parce que la marée n'est pas plus haute, mais prendra toutes les vies autour de lui pour ce qu'elles sont véritablement, sans critique folle et gémissante, et il se servira de toute la puissance de son être pour les aider à se développer un peu plus. Dans l'Inde, on a appelé ce sentier de développement humain le *Karma Yoga*. Je sais que cet exposé est révolutionnaire, mais il est exact, et l'idée populaire est fausse qui prend le mot *Karma*, travail en action, comme étant essentiel pour décrire ce sentier, négligeant cet amour de l'homme qui transforme le *Karma* en *Karma Yoga*. Shri Krishna enseigna le sentier d'amour, divisé en deux branches principales, dont l'une était le *Bhakti* yoga, la dévotion à Dieu, et l'autre le *Karma* yoga, la dévotion à l'homme. Quelles instructions pourraient être plus claires que celles données par lui à Arjuna : "En vérité, de même que Janaka et les autres ont atteint à la perfection en agissant dans le but de l'unité de tous, ainsi devrais-tu faire toi aussi."

Il est donc impossible à l'homme véritablement du second rayon de s'effacer du monde de l'action et de dire : "Il n'est pas assez bon pour moi", ou encore de dédaigner les appels à son aide qui s'élèvent grands ou petits de tous côtés. C'est dans sa nature d'aller et de faire le bien. Il n'y a point chez lui de forme rigide du "Ceci est bon à faire et cela est mal à faire"; mais faire que quelque chose soit meilleure qu'elle ne l'était auparavant est bon à faire. Je connais un certain juge président de tribunal en un pays où la loi requiert que les meurtriers soient pendus. L'unique pensée de ce juge dans sa vie d'homme privé et en tant qu'Indou, est de faire le plus de bien possible et point de mal, pourtant, de temps à autre, son devoir exige qu'il condamne à mort un meurtrier. Il y a quelque temps, un de ses amis l'aborda et lui dit : "N'est-il pas en contradiction avec vos idées d'être responsable de la mort de vos semblables, même si ce sont des hommes inférieurs ? Ne devriez-vous pas donner votre démission du poste qui exige de vous cette cruauté ? Pourquoi consentez-vous à être l'agent d'une loi si inique ?" Le juge réfléchit profondément sur la question et finalement conclut

XII. — LE DEUXIÈME RAYON

nettement qu'il ne devait pas quitter son poste, car, dit-il : "Là où, tout en aimant les meurtriers, j'envoie un homme à sa mort, parce que je ne puis le sauver, il se pourrait que mon successeur, n'aimant pas comme je le fais, envoyât quatre hommes à leur mort ; et si le *Karma* me frappe pour l'homme que j'ai condamné, je dois l'endurer pour la cause des trois hommes que j'ai sauvés." Cet homme ne violait pas la loi d'amour, il ne prenait pas la vie de l'un afin qu'un autre pût être sauvé, mais il appliquait au plus haut point cette loi et sauvait des vies.

J'ai connu également une dame habitant une ville populeuse où les accommodations pour les chats et les chiens égarés étaient très primitives. La municipalité employait deux hommes, l'un pour amener les animaux errants, l'autre pour les mettre à mort et chacun d'eux était payé selon le nombre d'animaux qui leur passaient entre les mains ; un bref répit de trois jours s'écoulait entre la capture et la mort de ces bêtes.

Cette dame, qui aimait tendrement les animaux et ne se résignait pas à penser aux dangers et aux souffrances qu'ils courraient, se joignit à quelques amis, et ils fondèrent une société, ayant à sa tête des personnes bien connues. Ils abordèrent le conseil municipal et s'offrirent de le débarrasser de tout tracas au sujet des animaux errants. La municipalité accepta et leur donna l'usage d'une vieille bâtisse avec cour, institution dont la dame prit la direction. Un homme reçut un salaire honorable pour faire des tournées avec une camionnette et ramener chats et chiens. L'institution traitait avec douceur les animaux pendant trois semaines, notifiait à la ville entière l'endroit où trouver les favoris manquant ou encore en obtenir de nouveaux, et ce n'est qu'à l'expiration de ce délai que les laissés pour compte étaient mis à mort ; cette dame était si humaine qu'elle accomplissait elle-même cette tâche, la pire de toutes, afin qu'elle soit accomplie de la manière la plus humanitaire possible. L'individu du deuxième rayon ne fait pas de bien pour en tirer une jouissance égoïste, mais parce que son cœur est plein de bonté.

 Les personnes de ce rayon fournissent les meilleurs professeurs et les meilleurs docteurs. Je me souviens d'avoir lu, il y a vingt ans, un article du célèbre professeur d'Oxford, Bernard Bosanquet, dans lequel il disait qu'il n'était pas à recommander d'employer les élèves les plus brillants comme professeurs, car ces gens avaient appris leurs sujets avec la plus grande facilité, et n'étaient pas dans une situation leur permettant de comprendre l'état d'esprit de l'élève moyen ; certes, la qualité d'amour est plus que toute autre chose nécessaire, non seulement dans l'éducation, éclosion des pouvoirs de l'homme chez l'enfant, mais même dans l'instruction, la communication de la connaissance. Tout le monde sait, aussi, comment la plupart du temps, le docteur qui est apte à prendre un réel intérêt dans son malade, devient non seulement très populaire, mais également heureux.

Beaucoup de branches différentes d'activité sont ouvertes aux personnes de chaque rayon, à tous les degrés de l'évolution. Dans l'économie politique de notre temps, en dehors de ce que nous appelons professions, l'homme du deuxième rayon devrait être le distributeur idéal, soit comme vendeur en gros, soit comme boutiquier. Il sentira qu'il est là pour fournir aux gens ce dont ils ont besoin, qu'il est une nécessité pratique et qu'il doit leur fournir le genre d'objets qui leur seront utiles. Il se fera le juge des honnêtes qualités de ses marchandises; les prix marqués qui laisseront un bénéfice raisonnable et il écartera les produits obtenus de façon inhumaine. C'est l'habitude de considérer les affaires comme étant uniquement un moyen de gagner de l'argent et de croire qu'elles sont incompatibles avec le bien, mais la simple vérité est qu'elles offrent une des plus grandes occasions de rendre service à l'humanité.

Il est quelquefois admis que la tendance à se faire facilement des amis est un signe de se rayon, mais il n'en est pas toujours ainsi. J'ai fréquenté dans le temps, un monsieur qui était un homme extrêmement tranquille, et au cours de sa longue vie, il ne s'était aucun ami en dehors de sa proche famille. Un jour, je lui demandais comment cela se faisait et il me dit : "La vérité, c'est que je ne peux pas jouer à l'amitié : si je fais des amis, il faut que je me tienne près d'eux en toutes circonstances, dans leurs embarras et leurs difficultés ; comme je possède juste ce qui est nécessaire à ma femme et à mes enfants, il ne faut pas que je risque ce dont ils ont besoin et c'est pourquoi je ne veux pas faire d'amis." Nous avons ici un homme de grand cœur associé avec la pensée du troisième rayon, toujours prêt à sacrifier ses propres plaisirs ou divertissements en faveur des autres, mais d'une manière parfaitement discrète.

Il y a, bien entendu, aucun défaut dans les rayons, mais les individus du second rayon peuvent montrer des défauts très sérieux s'ils sont à un niveau pas trop inférieur sous le rapport des qualités des autres principes. Il y a un grand nombre de personnes au monde qui souffrent beaucoup lorsqu'elles pensent aux horreurs qui gisent sous et quelquefois même sur la surface de la civilisation. Elles ne font rien pour les supprimer, car dans leur nature, il y a peu de volonté ; elles vont se rendant malheureuses et troublant les autres par leurs complaintes que presque toute la puissance et tout l'or du monde sont tombés entre les mains de

XII. — LE DEUXIÈME RAYON

personnes qui n'aiment pas leurs concitoyens. Si elles s'efforçaient sérieusement d'utiliser la petite énergie en leur pouvoir dans le but de faire si peu de bien que ce soit, elles n'ajouteraient pas leurs pensées désagréables à la somme existante de misère humaine, mais se prépareraient à exercer un pouvoir plus grand dans l'avenir. C'est une des conditions de ce monde qu'aucun homme n'aura de pouvoir ou d'occasion s'il n'a travaillé dans ce sens.

Semblable au cas précédent est le défaut de porter l'altruisme à un point absurde, tel le poète Goldsmith jetant sa literie par la fenêtre à un miséreux errant la nuit dans sa rue. Ce n'est pas une joie pour les autres de savoir que vous souffrez à cause d'eux, et les personnes qui ne savent ce qu'elles doivent faire pour rendre leur vie présentable et joyeuse pour les autres, sont une cause sérieuse de misère pour le monde. Ce qu'on pourrait nommer des accès de colère généreuse sont également des défauts possibles de ce rayon ; tandis que l'homme du premier rayon aura plutôt tendance à se retirer à distance respectueuse quand les circonstances sont de nature à le bouleverser, et que l'homme du troisième rayon, lui, est davantage accessible à la peur.

Il y également un grand danger que l'amour puissant dépourvu d'une nature libérale sous d'autres rapports, devienne préjudiciable plutôt que bénéfique pour celui qui est aimé, surtout s'il prend la forme entravante. On a conté l'histoire d'une jeune femme américaine qui habitait un petit appartement avec sa mère ainsi que sa jeune sœur, et qui assurait leur existence en travaillant dans un bureau en ville. La jeune femme devint amoureuse d'un jeune homme qui voulait l'épouser et l'enlever à ses occupations du bureau pour l'installer chez lui ; à leur grand chagrin cela était impossible pour elle ayant à prendre en considération sa mère, qui n'était jamais tout à fait bien ; il y avait aussi la jeune sœur dont les notions de son avenir exigeaient qu'elle fréquentât une école plutôt coûteuse, bien qu'elle fût déjà grande. Pendant qu'ils étaient dans cette impasse, le patron de la jeune femme, homme mûr d'une tournure d'esprit bien disposé et observateur expérimenté, eut vent de la chose, et il s'aperçut bien vite que ni la mère, ni la jeune sœur ne bénéficiaient réellement en corps ou en esprit des habitudes soi-satisfaction où la bonté de son employée les avaient petit à petit conduites. Il prit donc la résolution plutôt surprenant de la convoquer un jour dans son bureau et la renvoya sévèrement sur le champ. Il n'y avait alors en vue aucune situation pour elle, et les choses devinrent sombres au sein de la famille, car jusqu'alors, ils dépensaient leurs revenus. Cependant le remède se montra bientôt effectif, puisque la mère se rendit compte qu'elle devait faire quelque chose par elle-même et alla travailler dans un magasin ; elle y oublia rapidement ses petites indispositions, qui sous un traitement aussi froid disparurent incontinent, et elle se fit beaucoup d'amis de sorte que sa vie devint radieuse et forte ; tandis que la sœur cadette mit de côté quelques-uns de ses rêves dorés et se mit à gagner une partie de ses frais d'école pendant les vacances. Les deux jeunes gens se marièrent, et vécurent dorénavant heureux à l'ombre bienfaisante de l'amitié paternelle de son ancien patron. C'est très bien de faire franchir une barrière à un chien estropié, mais il serait peut-être fou et désobligeant de le porter tout le long de la route.

CHAPITRE XIII

LE TROISIÈME RAYON

Il y a bien longtemps, j'ai vu une réclame représentant un jeune homme se tenant aux côtés d'une jeune fille qui achetait des chocolats au comptoir d'une confiserie. La légende portait : "Chocolats Johnston : De l'Homme qui comprend à la Jeune Femme qui sait." La jeune fille savait quels chocolats étaient bons — c'était la connaissance du cinquième rayon ; l'homme comprenait ce qu'étaient ces chocolats pour la jeune fille — c'était la compréhension du troisième rayon. L'homme de ce dernier rayon est sensible aux choses comme l'homme de la volonté est sensible au soi et l'homme d'amour est sensible à la conscience chez les autres êtres vivants ; cependant, appartenant aux trois premiers rayons, parmi ceux qui recherchent au dedans le soi ou Dieu ou encore le bonheur, il s'intéresse aux choses uniquement en raison de leur rapport sur des états de conscience. Il est le philosophe qui désire l'entendement ou la compréhension et sent que le bonheur en dépend, que quand bien même le monde pourrait déverser avec la prodigalité sa bonté sur les hommes et que tout pourrait être fraternellement en paix, le bonheur ferait tout de même défaut s'il n'y avait pas les possibilités de saisir la signification de toutes ces choses par rapport à l'âme. Il est actif en ce qui concerne les choses, mais seulement dans l'intérêt de la conscience.

L'entendement, finalement, est l'état d'esprit qui saisit le monde entier en une seule pensée de compréhension, qui satisfait l'âme; le but de celui qui appartient à ce rayon n'est pas tout d'abord d'acquérir de la connaissance mais de satisfaire la soif de l'âme. Si le pouvoir qu'il détient de voir par suite de comprendre plusieurs choses en même temps est dirigé au dehors vers les affaires, nous voyons que cet homme a un cerveau merveilleux d'organisation et d'ingénieur, et qu'il peut voir comment les choses devraient être faites. Quand ce pouvoir est associé avec la volonté du premier rayon il peut donner de grands génies. Son pouvoir particulier est la pensée, et lorsqu'il collabore avec des personnes du premier et du second rayon, il peut voir comment les choses de toutes sortes devraient être arrangées afin que soit le plus efficacement exaucé leur amour et leurs desseins.

Demandez à un individu de ce genre ce qu'il fera dans le cas, par exemple, de l'emploi du temps d'un professeur dans l'école qu'il dirige. Il vous répondra : "Accordez-moi dix minutes pour y penser", et commencera probablement à poser des questions non qu'il soit désireux que quelqu'un pense pour lui, mais parce qu'il a besoin d'information pour donner une base solide à sa pensée. C'est un homme de précaution, et si, par hasard, il est en déficit sérieux dans les autres principes, on pourra le voir réfléchir à la chose qu'il a en mains avec tant d'attention que l'occasion de la faire s'est enfuie avant qu'il ait décidé ce qu'il y avait de mieux à faire.

La qualité de ce rayon donne à ses personnages un esprit très large, et l'occasion de se frayer un sentier dans la vie suivant de nombreuses directions. Mais en raison de cet affranchissement de l'obligation et en raison de l'étendue des occasions dont jouit l'homme du troisième rayon, il arrive parfois qu'il lui est difficile de se limiter qu'il n'arrive pas à se concentrer dans une direction avec assez de vigueur pour ce qu'on appelle réussir dans la vie ; tandis qu'une personne d'une nature plus étroite, concentrée par le fait même de ses limitations engagerait la lutte et en sortirait victorieuse.

Il détient la puissance de la pensée qui moule la matière, il peut se tourner vers la science, les arts, la magie ou toute autre chose, et il n'est point limité par les prédilections qui fournissent une force si intense dans certaines directions à quelques-uns des autres rayons. Quand un homme se concentre, il se sert de la puissance de sa volonté pour amener son intention à un point donné et pour la maintenir dans ces limites; lorsqu'il médite il se fait un avec la chose en accordant la plus grande attention possible à chacune de ses parties et en y admettant toutes ses pensées sur le sujet; mais lorsqu'il contemple, un troisième acte se joue, dans lequel il fixe, pour ainsi dire, sa pensée perfectionnée — alors le pouvoir de la pensée en cette image mentale moule ou dirige la matière, régissant les forces naturelles, comme l'aimant attire la limaille de fer. C'est la grande force créatrice employé au début par le *Brahma* solaire — non pas seulement la méditation, mais quelque chose de plus grand, appelé *sanyama*, qui commence avec la concentration et finit avec la contemplation ouvrant la porte à tous les accomplissements. Les yogis de tous ces rayons pratiqueront la *sanyama* complète, mais la partie concentration sera accompli le plus parfaitement par l'homme du premier rayon, la partie méditation par l'homme du second et la partie contemplation par celui du troisième. Vous pouvez vous imaginer quelle puissance doit résider en l'Adepte chez qui tous ces rayons ont été développés à la perfection.

En raison de sa largeur de vue et de son estimation des choses comme n'étant que de la nourriture pour l'esprit affamé, l'homme du troisième rayon voit toutes les choses comme à peu près similaires, mais cette similitude tend à être la meilleure et non la pire. C'est le sage dont parlent les écritures orientales, quand elles disent que pour lui toutes les choses sont à peu près semblables, amies ou ennemies, or ou motte d'argile; et ceci ne veut, bien entendu, pas signifier que l'or n'est que de l'argile et qu'il n'est pas spécialement précieux, ou que les amis ne sont, après tout, pas plus utiles à l'âme que les ennemis ne le sont supposés être, mais au contraire que toutes choses sont utiles et intéressantes à l'homme qui entrouvre sa vie à leur usage — l'argile est aussi précieux que l'or, un ennemi est en réalité un ami. Emerson a dit:

"Au poète, au philosophe, au saint, toutes choses sont amies et sacrées, tous les évènements sont bénéfiques, tous les jours saints, tous les hommes divins; car l'oeil est fixé sur la vie et néglige les circonstances."

Le principe à la base de ce fait a été bien exprimé par Épictète, quand il dit que Dieu l'a envoyé dans le monde avec l'unique but de perfectionner son caractère en toutes sortes de vertus, et qu'il n'existait rien au monde dont il ne puisse se servir pour l'accomplissement de ce dessein.

L'homme du troisième rayon voit que les choses considérés généralement comme adverses par le monde ne le sont que parce qu'elles sont désagréables aux sentiments ou parce qu'elles sont troublantes aux esprits remplis d'opinions préconçues, mais qu'elles peuvent toutes être transformées en grand profit quand on les accepte dans la juste idée, c'est-à-dire comme venant de la main de Dieu, qui est le dispensateur de toutes choses. Il voit également la signification de choses insignifiantes, et le merveilleux de la chose ordinaire. Pour lui tout est admirable, mais rien n'est mystérieux. Un brin d'herbe lui parlera de l'infini, tandis qu'il faudra à d'autres une montagne ou un univers d'étoiles. Lorsque le savant déclare: "Il n'y a point de miracle", il répondra: "Non, mais tout est miracle." Et cependant, tous deux affirment la même chose — l'unité de la nature. Il a toujours une raison, et souvent même plusieurs, pour faire ce qu'il fait; et il peut découvrir la raison de choses qui se produisent en dehors de lui. L'idéal de ce rayon est *Brahma* lui-même, qui pouvait parler aux Rishis de tout ce qu'il y avait dans le monde.

L'égalité de *viveka* ou discernement permet au philosophe de distinguer ce qui est important de ce qui n'est pas par rapport à tout projet envisagé. Au Japon, on raconte que lorsque le grand shogun, Ieyasu mourut, et lorsque son corps fut enseveli sur les collines de Nikko, son successeur fit appel à tous les Daimyos de l'Empire pour que chacun d'eux envoyât une lampe de bronze ou une pierre afin de décorer les jardins autour du temple mortuaire. Tous le firent à l'exception d'un seul trop pauvre, mais il s'offrit volontairement à planter des rangées d'arbres le long de la route pour abriter les voyageurs. Aujourd'hui, on voit que son offrande est de beaucoup plus précieuse à toutes les autres — ce que l'homme du troisième rayon aurait vu dès le début.

Dans sa propre personne, cette merveilleuse vision procure à l'homme du troisième rayon une singulière adaptabilité ; il peut habiter une hutte ou un palais, et dormir sur la terre ou sur une couche de duvet. Dans sa vie, il montre une grande connaissance de l'emploi des choses particulières, une capacité à se servir de toutes espèces de matériaux disponibles et de les édifier en un plan. C'est le joueur d'échecs par excellence, utilisant les pièces d'espèces différentes selon leurs qualités au développement d'un plan, et même envisageant plusieurs plans à la fois, ce qui lui permet de voir, si son coup ne réussit pas dans un plan, la manière dont il peut l'adapter à une autre combinaison et en tirer le plus large parti possible. Ayant la même largeur de vue dans ses rapports avec les autres personnes, il ne peut pas faire d'embarras au sujet des petites choses, car il sait ce qui est important de ce qui ne l'est pas, et ici l'adaptabilité se montre sous la forme du tact.

Il est parfois possible de comprendre une partie importante de la nature humaine en étudiant les animaux, et j'ai longtemps pensé que notre frère l'éléphant, avec lequel, étant dans l'Inde, j'ai eu l'occasion d'entrer en rapport jusqu'à un certain point, est très représentatif de ce rayon. On peut l'observer demeurant pendant des heures sur une place de marché animée, se balançant doucement d'un coté à l'autre, examinant attentivement tout ce qui passe, mais ne manifestant aucun désir de prendre lui-même une part active à ce mouvement. Quand l'éléphant vient d'être capturé c'est, parait-il, un démon incarné, mais au fond du cœur, il est tellement philosophe que dès qu'il a compris qu'une plus longe résistance est inutile, il accepte la nouvelle situation avec calme et se fait une vie agréable dans ces nouvelles conditions. Il est toujours très brave en face du danger qu'il comprend, mais d'un autre côté, extrêmement timide devant des choses plutôt insignifiantes qu'il ne connaît pas, tellement sa vie se centralise et repose sur l'entendement. Dans une panique, il perd la tête, mais dans toutes les autres circonstances il est extrêmement réfléchi et prudent; ses affections, qui sont profondes et durables, sont pleines de sollicitude et à un degré extraordinaire.

Un homme appartenant à ce type fera les progrès les plus rapides en exerçant son mental à penser d'une manière à la fois pénétrante et étendue. Il devrait principalement se représenter clairement ce qu'il va entreprendre afin de retirer le plus grand profit de ce pouvoir. Avez-vous jamais remarqué un patineur professionnel et expert, voyez comme chacun de ces mouvements est net et inévitable comme de l'acier. Avez-vous observé les mouvements infaillibles, instantanés et incessants du pingouin lorsqu'il attrape du poisson? Notre homme, après s'être entraîné peut penser de même, c'est-à-dire comme glisse le patineur, comme va et virevolte le pingouin. Afin d'augmenter la capacité de son mental, il faut qu'il exerce dans sa pensée à ajouter une chose à l'autre — faisant chacune d'elles bien claire pour lui, puis la joignant à l'idée grossissante. C'est ainsi qu'il pourra penser à un brin d'herbe, puis à plusieurs, et ensuite à ajouter des arbustes, des fleurs et les arbres à son image, jusqu'à ce qu'il puisse garder dans son mental tout un jardin sans en perdre un détail, comme auparavant, lorsqu'il ne retenait qu'un seul brin d'herbe.

CHAPITRE XIV

LE QUATRIÈME RAYON

La prédominance du quatrième principe inflige sa marque à l'homme du quatrième rayon. Sa qualité est l'harmonie. Il ne peut pas tenir séparés dans sa vie les mondes internes et les mondes externes. S'il possède une idée, elle n'est pas satisfaisante tant qu'il ne lui a pas donné une expression pratique ; s'il a un travail à faire dans le monde, il ne sera pas tranquille à moins qu'il n'ait pu lui faire exprimer une idée ou un idéal. Parmi les hommes, il ne représente pas uniquement le côté intérieur (comme le font le chef, le philanthrope et le philosophe), ni uniquement le côté extérieur (comme le font le savant, le dévot et l'artiste). Il manifeste le principe de *maya*, que j'ai déjà dépeint comme étant une expression particulière de *Shiva* Lui-même, mettant *Vishnou* et *Brahma* en harmonie l'un avec l'autre. Il ne peut y avoir de plus grande réalité au monde, et cependant c'est une illusion car ce n'est pas la vie même de *Shiva* Lui-même, le véritable *ananda*. Son activité n'est pas de *prakriti* (le matériel), ni de *Pourousha* (le spirituel) ni de *Sat* (l'être), ni *Chit* (la conscience), mais elle est ce que *Shri Krishna* a appelé : "Mon autre *prakriti*" (mon autre manifestation) *daiviprakriti* — non pas seulement *maya*, mais *yogamaya*. Par-dessus tout, dans l'expérience de l'homme appartenant à ce rayon, il est vrai qu'il n'y a pas de séparation ou de mur dans l'âme là où Dieu cesse et où l'homme commence, comme a dit Emerson.

Au cours des premières phases de son développement, l'homme de ce rayon manifestera des tendances prononcées, se penchant quelque fois du côté des trois types de soi-confiance (les trois premiers rayons) et d'autres fois du côté des trois types de dévotion (les trois derniers rayons) ; mais il n'abandonnera jamais complètement sa position d'équilibre dans laquelle apparaissent en même temps les deux côtés de la nature humaine. Cela lui procure beaucoup d'ennui ; car dans la tâche qu'il a à accomplir dans le monde il sent la nécessité d'exprimer un idéal et les idéaux lui brûlent l'âme à moins qu'il ne trouve moyen de les exprimer. Il est ainsi donc l'homme à la conscience mal à l'aise, jusqu'à ce qu'il ait atteint ce moment béni de la vie où les côtés intérieur et extérieur de lui-même sont amenés à collaborer harmonieusement ensemble à tous les instants, et où les grandes lois de développement intérieur et extérieur, *karma* et *dharma*, sont fondues en une seule. Mais lorsqu'elles ont été fondues ensemble, alors c'est pour lui ce qu'on peut atteindre de plus près au vrai bonheur sur terre ; l'interprétation du dedans au dehors et du dehors au dedans est totale et constante : quelquefois même l'esprit prophétique se manifeste.

La vie et la religion de l'Égypte montraient très fortement l'influence de ce rayon. Les choses de cette contrée étaient très représentatives de la vie et les représentations de la vie étant de forme très semblable aux choses. Prenons, par exemple, l'architecture des Égyptiens, avec ses lignes penchées, ses piliers arrondis, son assujettissement complet aux formes animales et végétales — formes qui ne servaient pas à l'ornementation. De l'autre côté, la sculpture et le dessin des figures humaines et d'autres êtres vivants étaient rendus sous une forme plus mathématique que partout ailleurs. Tout ceci était une enveloppe pour la magie intérieure qui était la vie même de l'Égypte. C'était de l'art, imprégné d'une beauté qui transportait l'âme — mais c'était de l'art symbolique dont la beauté n'était accessible qu'à celui-là seul qui en possédait la clef. Et comme les Égyptiens vivaient leurs récits symboliques ils percevaient la réalité qui s'y trouvait derrière ; tout comme lorsqu'ils percevaient les vérités psychiques ils avaient besoin de les exprimer en formes.

Tout le monde peut observer l'influence des formes et des couleurs sur l'esprit et les états d'humeur. Si vous entrez, par exemple, dans une pièce décorée avec des lignes courbes et à la ressemblance de fleurs, vous sentirez qu'elles agissent sur votre nature émotionnelle ; mais si vous entrez dans une autre pièce ornée de dessins à formes carrées, vous recevrez une impression mentale. Cette influence est directe, et beaucoup de symbolisme agit de cette manière. Mais de plus, la pensée s'attache aux choses et aux formes, et les pensées sympathiques amènent la sympathie — en sorte, qu'un grand nombre de symboles ont beaucoup de force de pensée jointe avec eux. Ceci peut être ressenti par les personnes du quatrième rayon. Une grande variété d'arts magiques découle de la reconnaissance de ces vérités. Le magicien qui suit cette voie appartient au quatrième rayon.

Nous pouvons remarquer l'influence de ce rayon dans un grand nombre d'activités humaines. L'individu chez lequel il est fortement développé aura, sans doute, beaucoup d'un acteur. S'il est désireux de créer en lui-même une certaine disposition ou un certain état d'esprit, il le fera en prenant sa forme extérieure par exemple s'il veut se rendre pieux ou dévotionnel, il prendra les habits et les manières de l'église ou du temple, et l'attitude conventionnelle de dévotion de son pays ou de sa religion, alors l'état intérieur surgira en réponse. On peut trouver des individus de ce genre partout, prétendant être ce qu'ils veulent devenir ; cependant, en cela il n'y a pas de réelle prétention, d'hypocrisie, de désir de produire une impression sur les autres, mais uniquement une supposition qui deviendra rapidement une réalité. Les personnes du quatrième rayon font également de bons acteurs parce qu'ils produisent en eux-mêmes l'état émotionnel qu'ils désirent rendre, et les formes extérieures et les actions qui vont avec cet état suivent avec la plus grande facilité et sans aucun besoin d'attention spéciale. Le côté gracieux de l'expression et de la culture physiques appartient également à cette catégorie (comme chez les Espagnols, par exemple) parce que c'est là l'expression d'indépendance spirituelle dans le corps. Parmi les innombrables activités de ce rayon, on peut trouver toutes les variétés d'interprétation de l'esprit à la matière et de la matière à l'esprit. Magicien, acteur et artiste symbolique tous ont ici leur place.

Dans l'Inde, où toute chose est à un degré tel qu'elle semble être un abrégé de la race humaine, on peut voir la forte influence de ce rayon dans l'art et dans certaines formes d'adoration. Si un Occidental est assez heureux (et c'est rare) pour gagner par sa propre sympathie pour eux, l'amitié et la confiance réelles des membres d'une famille indoue, de telle façon que rien de leur vie n'est caché ou modifié en sa présence, il lui sera alors peut-être permis d'apercevoir les objets occupant l'autel qui existe au foyer de tout Indou. Là, il trouvera des images ou des représentations des formes de la Déité, et parfois de Saints, qui seront loin d'être belles selon les canons extérieurs de l'art. Mais il s'apercevra vite que lorsque ses amis s'approchent de ces objets, ils leur accordent le plus grand respect, et s'exclameront avec ravissement au sujet de leur beauté. La beauté est présente, mais dans le mental de celui qui contemple et sa réalité vivante est éveillée par les idées familières des images ou des peintures.

Cela ne diffère pas tellement de l'usage du langage. Le mot "beauté" est loin d'être beau en lui-même, mais dès qu'il est prononcé, des visions de la beauté qu'on a connue s'élèvent devant l'esprit. Il est vrai que le langage peut avoir de la beauté en plus de sa signification, mais cet aspect appartient au septième rayon; l'usage du langage pour l'expression d'idées est un art particulièrement propre au quatrième rayon. L'homme de ce rayon a généralement une grande richesse d'expressions.

XIV. — LE QUATRIÈME RAYON

Nous avons vu que le premier et le septième rayons ont comme dominante la volonté, le second et sixième rayons l'amour, le troisième et le cinquième rayons la pensée. L'homme du quatrième rayon n'ayant suivi aucune de ces lignes a, généralement, les trois pouvoirs de la conscience plus ou moins également mélangés, mais aucun d'eux n'est aussi parfait que s'il s'était spécialisé le long d'une des autres lignes. La faculté que procure au mental cette position d'équilibre est l'imagination, qui est un mélange de volonté, d'amour et de pensée. Si un homme de ce type se met à penser à un problème, il est probable qu'il ne suivra pas longtemps la marche logique; ses sentiments interviendront, et souvent la solution jaillira dans son cerveau, révélée par la concentration de la volonté. Si d'un autre côté, ses sentiments sont éveillés par quelque chose, sa logique viendra également en action et lui montrera peut-être le caractère de la situation, peut-être le but des évènements.

Sous sa forme positive cette imagination est un pouvoir de magie, et la vie humaine en est remplie. Celui qui la possède voit en regardant les choses; et il voit le monde des choses en regardant la vie. Il ne peut prêter attention à une seule. Lorsque la puissance sera atteinte sur cette ligne, l'homme sera un véritable magicien, reliant le visible et l'invisible, réalisant des résultats visibles par des moyens invisibles, et des résultats invisibles par des moyens visibles.

Les gens de lettres qui sont de cette ligne manifestent une grande puissance d'imagination dans la représentation de leurs idées et leur pouvoir étonnant d'analogie apporte à leur service des images des coins les plus reculés de la terre. Dans cette faculté prennent naissance de grandes envolées de fantaisie telles que celles de Shakespeare et de Kalidasa.

Le pouvoir d'imagination peut être une chose très vivante et on peut le voir souvent en une singulière pureté chez les enfants. Récemment j'ai entendu parler de deux fillettes qui causaient de ce qu'elles feraient quand elles seraient grandes; l'une dit qu'elle aurait une jolie maison et beaucoup d'enfant. L'autre qui, évidemment, avait été élevée dans un milieu moins qu'idéal, répliqua: "Oui, et j'aurais une école, et vos enfants y viendront. Je les battrais, les battrais et les battrais encore!" disant cela avec beaucoup de plaisir. La première petite fille éclata en sanglots et parmi ses pleurs, dit" "Oh! que vous êtes vilaine, que vous ont fait mes enfants pour que vous les frappiez ainsi?" Ce n'est pas souvent qu'on trouve une imagination si frappante à une époque postérieure de la vie, bien que cela doit être plus fréquent dans l'importante quatrième race ou race Atlante, que dans la cinquième ou race Aryenne.

XIV. — LE QUATRIÈME RAYON

J'ai fréquenté un médecin chinois dont le délice de ses heures de loisirs était de s'adosser dans son large fauteuil et de s'imaginer qu'il était au ciel ; apparemment l'expérience était si réelle pour lui qu'elle était en somme aussi bonne que la chose elle-même. En Occident, le peuple irlandais nous donne une bonne expression des qualités mentales de ce rayon. Ils mélangent souvent leurs facultés d'une manière qui surprend ou amuse les autres, selon que l'occasion est sérieuse ou légère. Ils apportent de la logique quand on l'attend le moins, et vont du raisonnable à la fantaisie de la même façon. En fait, c'est une caractéristique générale de ce rayon, que ces activités, débutant sur une ligne, tendent à finir sur une autre ; commençant dans la gaité, elles se termineront souvent dans la mélancolie ; débutant sérieusement, elles peuvent se terminer dans la plaisanterie. C'est là l'origine de beaucoup de bons mots irlandais. On raconte qu'un jour, pendant sa promenade, un monsieur rencontra un de ses amis irlandais qui creusait au bord de la route ; il lui posa le genre de questions futiles que le monde a l'habitude de faire en de pareilles circonstances : "Eh ! Mike !", dit-il, "que faites-vous ! Creusez-vous un trou ?" — "Non", vint la réponse inattendue "je creuse la terre et laisse le trou". Une forme inverse de cette histoire se produisit lorsqu'un Irlandais avant d'être employé à un travail de construction, fut interrogé sur le point de savoir s'il était habitué à grimper sur des échelles ; il répondit : "Non, monsieur. Je n'ai jamais monté sur une échelle, sauf une fois lorsque je suis descendu dans un puits." Le Teuton qui s'est fait un fétiche de la loi, ou plutôt des règlements, peut rarement comprendre la logique simple de l'Irlandais, qui ne vit pas par des formules, et négligera les règlements quand ils lui sembleront inutiles.

J'ai la tentation de donner une illustration de ce rayon par rapport au monde animal, mais je dois la donner en avertissant que dans l'exemple donné, le rayon se manifeste sous une forme très primitive en laquelle des êtres humains ne passent que très rarement. Il s'agit de nos cousins de la tribu des singes qui manifestent ces qualités, comme j'ai eu l'heureuse fortune de la constater dans mes rapports occasionnels que j'ai eus avec eux dans leurs habitats naturels. Regardez-les commencer quelque chose de sérieux, puis terminer un instant après en gambadant et en sautant les uns par-dessus les autres. Observez la mélancolie pensive de leur quiétude, le badinage complet de leur activité et le caprice qui se glisse entres ces deux états. Comme ils rient d'eux-mêmes lorsqu'ils ne sont pas dans les abîmes du désespoir ou émotionnés par une grande entreprise. Voyez comme ils prétendent, et essayent de devenir en imitant, et regardez le caractère changeant et non terminé de tous leurs travaux. Je ne puis résister au désir de citer comme conclusion, quelques lignes du *Chant de route des Bandar-log* de Kipling, qui a saisi leur humeur avec un véritable génie.

"Nous voici passant en une guirlande jetée
À mi-chemin de la jalouse lune
N'enviez-vous pas nos bandes bondissantes ?
N'aimeriez-vous pas avoir des mains supplémentaires ?
Nous voici assis en rangs sur les branches
Pensant aux merveilles que nous connaissons ;
Rêvant aux exploits que nous voulons faire,
Tous accomplis entièrement en une ou deux minutes —
Quelque chose de noble, de grandiose et de bon,
Fait par le simple souhait que nous voudrions le faire.
Tous les langages que nous ayons jamais entendus
Émis par la bête, la chauve-souris ou l'oiseau —
Le poil, l'écaille ou la plume —
Jacassons-les vite et tous ensemble !
Excellent ! Merveilleux ! Encore une fois !

Maintenant nous parlons tout à fait comme des hommes.

Joignez alors nos lignes bondissantes qui plongent à travers les pins, qui jaillissent là où, en haut et à la lumière, se balance le raisin sauvage,

Par les débris que nous laissons à notre suite et par le beau bruit que nous faisons, soyez surs que nous allons accomplir des choses sublimes."

CHAPITRE XV

LE CINQUIÈME RAYON

Ce rayon et les deux suivants exhibent le caractère général d'obéissance car au travers d'eux le Dieu du dedans recherche le Dieu de dehors. À strictement parler, ils sont tous des rayons de dévotion. Le premier d'entre eux que nous ayons à citer est celui dans lequel la partie pensante de l'homme se trouve particulièrement soumise en obéissance indiscutée au grand esprit du monde, le monde des idées, l'univers de la loi, et se place sous la tutelle de ce monde. La vérité est le nom de l'ultime réalité quand on la regarde dans ce sens et bien que le savant dans sa recherche constante pour en connaître davantage examinera et interrogera sans merci toutes les autres choses, il n'interrogera jamais la vérité de la vérité, ou le fait du fait. Il s'incline devant eux dans la soumission la plus complète et la plus joyeuse, parce qu'ils sont une réalité finale, et l'âme reconnaît son autorité évidente lorsqu'elle en voit la face.

Pour l'homme du cinquième rayon la vérité du monde est la fondation de la réalité, et sa recherche de la connaissance est donc une grande activité religieuse basée essentiellement sur la foi. J'ai formulé ailleurs cette croyance en ces termes : "Je crois dans le monde comme étant un lieu où la vérité peut être trouvée ; je crois en l'esprit humain comme étant un instrument pour la découvrir ; et je crois que lorsque l'homme la découvrira, elle se montrera bienfaisant dans sa vie."

Si nous opposons l'état du sauvage et celui de l'homme civilisé de nos jours, nous apercevons la vertu de cette croyance. Le sauvage a peu de tranquillité d'esprit, pour la simple raison qu'il ne sait pas qu'il peut réfléchir à tout, mais accepte un grand nombre de choses telles que le tonnerre et les éclairs, les ombres et les maladies, comme de puissants mystères ; il a peu ou point de notion de quand, ou à quel endroit ces phénomènes le frapperont, mais il est plein de crainte à leur sujet.

L'homme civilisé, lui, connaît beaucoup du monde, il a accru le pouvoir de ses sens et la force de ses mains en une multitude manières trop familières pour être citées, et au bienfait desquelles il n'échappe à aucun moment de sa journée. Cela semble curieux à dire, mais en dépit de tout cet accomplissement à leur service constant et malgré qu'ils soient disposés comme la plupart des hommes à admirer les conquêtes obtenues pour nous par la science des temps, les civilisés considèrent certaines choses comme des mystères auxquels n'est pas applicable la pensée, tel, par exemple, le problème de la mort. Le tracé de cette démarcation entre ce qui peut et ce qui ne peut pas être connu est un reste de la sauvagerie, mais les hommes du cinquième rayon, jouant leur rôle dans le progrès humain, écarteront un jour ce préjugé et mettront sous le contrôle des hommes la connaissance des faits même en ce qui concerne la mort, et cela bien avant que ne s'éteigne notre race Aryenne. Il est impossible d'estimer les hauteurs vertigineuses de la connaissance et du pouvoir auxquelles, au cours des temps, la science élèvera la vie de l'humanité sur terre. Et cela se produira en raison de la méthode employée par le savant qui examine ces faits avec la plus grande attention, les compare sans passion et sans préjugé, n'espérant aucun résultat particulier, et qui accepte ses pensées à leur sujet comme de la connaissance, et ses hypothèses comme des théories, seulement lorsqu'il les a éprouvées maintes et maintes fois.

Pour avoir une idée de la foi qui est à la base de la science, souvenez-vous, pour un instant, des conditions dans lesquelles, au moyen âge, en Europe, la lumière de la connaissance fut voilée par les hommes cruels et lâches de ce temps qui exerçaient une autorité séculière souveraine au nom de la religion. Ils avaient décrété que ce monde-ci n'était pas celui de Dieu, qu'Il était quelque part ailleurs, et bien qu'Il nous eût placés ici-bas comme des âmes en probation, Il autorisait que notre examen, long comme la vie, fût conduit par Son grand adversaire, le diable en personne. On considéra donc ce monde comme celui du diable ; c'était un lieu de mensonge, et la connaissance qu'on en aurait conduirait les hommes directement à leur perdition ; et de fait, le mental humain, avec lequel hommes se proposaient de faire leurs enquêtes mondiales, était tenu pour tellement plongé dans le péché qu'il ne pourrait jamais être un instrument de réelle aide à l'homme dans la découverte de la vérité, mais un petit nombre sentait que cela devait être ; ils avaient foi en cela et en eux-mêmes ; et cette foi était si grande que toutes les terreurs de l'Inquisition ne pouvaient les arrêter, et éteindre complètement la lumière de la science. Ces quelques-uns demeurèrent fermes et petit à petit firent leur chemin vers la reconnaissance générale et prouvèrent la valeur de la foi du cinquième rayon qu'ils avaient en eux ; aujourd'hui, tout homme religieux intelligent est prêt à reconnaître non seulement que la science a rendu la vie physique merveilleusement attrayante pour l'homme et qu'elle l'a élevé bien au-dessus de la condition animale, qu'elle a permis aux hommes d'envisager calmement et paisiblement les problèmes de l'existence matérielle, et de développer par l'exercice l'esprit humain jusqu'à un degré splendide; mais en plus de tout cela, elle a aidé le dévot lui-même à réaliser plus parfaitement Dieu.

De tous temps les hommes se sont représenté Dieu comme le Maître de l'Univers. Mais lorsqu'ils pensaient que la terre n'était rien de plus qu'un endroit un peu large et plat, et que le ciel était quelque chose de porté par des piliers ou encore une sorte de bol renversé, percé de petits trous par lesquels pouvait briller la lumière des régions célestes afin de former les étoiles, leur conception de la grandeur et de la majesté du Maître de cet univers ne pouvait être comparée avec celle surgissant aujourd'hui de l'adoration dévotionnelle. Celle où les hommes pensent aux merveilles des millions de mondes dans l'espace infini, qui nous ont été révélés par l'astronomie, des merveilles du microcosme, révélées par la chimie et la physique, des merveilles de la vie et de la nature révélées par la physiologie et la biologie, qui rendent la vie infiniment merveilleuse et y ouvrent chaque jour de nouveaux horizons.

On peut voir le caractère dévotionnel de l'homme du cinquième rayon dans la façon avec laquelle il vénère sans discuter les lois de la nature, et croît avec facilité en l'immortalité de la matière essentielle. On ne le verra jamais désirer modifier, ne fût-ce de l'épaisseur d'un cheveu, la plus infime loi de la nature, et il n'oserait jamais, même si cela était en son pouvoir, lever son petit doigt pour introduire dans l'ordre des choses une modification de son cru ; car l'organisation et l'enchaînement de ce monde, qui est toujours son meilleurs instructeur, lui semblent parfaits. Il voit nettement que ce que l'homme invente ou fait, la nature l'obligera par l'expérience à le perfectionner. Il construit, par exemple, une automobile et lorsqu'il la conduira sur la route il apprendra quelque chose de nouveau sur elle — ce qu'il n'aurait pu faire sans l'aide extérieure de la nature — et il aura également développé un peu plus son pouvoir de savoir.

Si l'homme de science devait philosopher un petit peu, ce qui n'est pas dans ses habitudes, nous pourrions l'entendre se dire que son petit mental est parfaitement adapté au mental divin représenté par les lois de la nature, et qu'il devient, en outre, de plus en plus riche et de plus en plus puissant par l'entraînement dans un milieu si bien adapté pour lui. S'il était également dévotionnel, il ajouterait que le monde nous initie à la nature de Dieu, comme nous l'avons vu plus haut, et nous rend aussi plus semblable à Lui. Il nous rapproche de l'omniscient en tant qu'il conduit le mental à saisir une plus grande partie de la réalité vivante à chaque instant du temps, et rend évident la vérité de ce que toute chose a sa signification infinie pour le sage, bien qu'elle puisse paraître sans importance pour le sot. Avec un peu de philosophie il se rendrait également compte que l'homme n'a pas obtenu son pouvoir sur les forces de la nature par le moyen de la connaissance, mais s'associe lui- même avec ces forces, et tant qu'il travaille avec elles, elles œuvrent avec lui en une coopération révélant une des plus grandes lois, à savoir qu'il n'y aucun conflit véritable dans tous les domaines de la nature, mais que toute œuvre en collaboration pour le bien.

 Je suppose que l'animal de ce rayon est le fidèle serviteur de l'homme, le cheval, qui devant la charrue ou la voiture ou encore sous le harnais, apprend à mener une vie réglée et à respecter les règlements et les formes, la loi et l'ordre, et les inévitables de la vie matérielle.

CHAPITRE XVI

LE SIXIÈME RAYON

Tout comme le cinquième rayon manifeste une pensée expérimentée, celui dont nous allons parler exhibe de l'expérience dans la sensation ; car ce sont une pensée et une sensation portée vers les choses. Semblables à la foi du savant qui le conduit à pénétrer jusqu'au principe de la loi dans le monde, la foi du sixième rayon conduit l'homme à parvenir jusqu'à la Bonté, qui remplit le monde ou l'influence, et l'amène à se soumettre en une obéissance et une dévotion totales à cela même qui, pour la plupart des hommes, est Dieu.

Au cours des siècles il a existé des mystiques religieux dont les prières ne contenaient pas l'ombre d'une requête matérielle, mais étaient un flot coulant en perpétuelles actions de grâces et dévotion aux pieds de la vaste Bonté qui les attirait d'une puissance irrésistible et qui faisait rayonner leur vie d'une joie super-humaine. Ces hommes et ces femmes percevaient par sensation directe ce que d'autres pouvaient atteindre par le raisonnement, à savoir que les épreuves de la vie ne sont bonnes ou mauvaises, non pas uniquement parce qu'elles sont agréables ou douloureuses, mais parce que toutes sont d'un grand profit provenant directement de Dieu. "Tout ce que l'on reçoit est un don", dit un proverbe indou, et c'est réellement ainsi pour le fidèle du sixième rayon. Le vrai dévot doit ressentir plus de bonté dans les choses et dans les épreuves que les autres hommes, car il est davantage en contact avec le cœur du monde. Il a, du moins, eu un aperçu de la bonté divine dans le monde et sa dévotion n'est que le désir d'en saisir davantage.

Généralement, il ne le sait pas, mais ce sentier qu'il foule est un puissant moyen pour détruire la douleur, si largement produite par la turbulente imagination de l'homme, celle qui, aux premiers stades, l'a poussé à manger plus qu'il ne pouvait digérer, à s'emparer de plus qu'il ne pouvait garder et à désirer des choses impossibles; c'est une destruction telle que la douleur physique parait minime auprès de la joie de sa vision, et la grandeur de son service. Il sait que ce qui advient est bien, même lorsqu'il ne sait pas pour quelle raison; on pourrait formuler son crédo comme celui du savant et dire : "Je crois dans le monde comme étant le lieu de la bonté de Dieu et je crois que les sentiments du cœur, s'ils sont encouragés, conduiront à sa révélation toujours plus grande, et que lorsque les hommes auront confiance en Dieu et n'auront pas de crainte, leur foi sera récompensée de manière incommensurable, même dans le monde matériel."

La simplicité de cette foi est parfois très touchante, comme les lecteurs de "Les Petites Fleurs de Saint-François" s'en souviendront. J'ai connu très bien un Indou, homme de loi des plus connus dans sa province, qui était fortement de ce type. Il avait une étonnante confiance dans le hasard et partait souvent en retard pour prendre son train. Quelle sympathie existait entre les événements et lui, je l'ignore, mais il est un fait, c'est que lorsqu'il était en retard le train l'était aussi. Je ne l'ai vu qu'une seule fois avoir manqué son train et dans cette occasion, il me dit avec le plus doux sourire du monde : "Après tout, ce que Dieu fait est ce qu'il y a de mieux pour nous !" C'était la phrase qu'il prononçait constamment au milieu de ses ennuis, qui étaient assez nombreux. Cet homme cependant ne négligeait pas de porter aide à autrui, des centaines de personnes lui devaient la plus profonde gratitude et lorsqu'il mourut, ce fut comme si la ville entière où il avait vécu, était privé de lumière.

C'est cette simplicité même de la dévotion qui en constitue sa force spirituelle. Ce n'est pas par des offrandes criardes que doit être réalisé Dieu dans Son monde, mais bien par la pureté complète de l'adoration. Que dit *Vishnou*, parlant par l'intermédiaire de la Gita ? : "Si une feuille ou une fleur ou un fruit ou une goutte d'eau Me sont offerts avec dévotion, je l'accepte de l'âme qui aspire, parce que le don a été présenté avec dévotion. Quoi que vous fassiez, mangiez, sacrifiez, donniez, ou tâchiez d'accomplir, faites-le comme une offrande pour Moi." Il n'a pas été écrit de plus émouvant récit de cette simple dévotion que celui de la femme de village dans La Lumière de l'Asie, qui parla en ces termes au Seigneur Bouddha :

"Vénérable Seigneur ! mon cœur est petit et une petite pluie qui humecterait à peine la terre suffit pour remplir la corole du lys. Cela m'est assez de sentir le soleil de la vie briller dans la grâce de mon maître, le sourire de mon petit enfant, et composer dans notre maison un admirable été. Mes jours s'écoulent d'une façon agréable, remplis par les soins du ménage ; du lever du soleil, j'éveille pour prier les dieux, leur offrir des graines et soigner le plant de toulsi ; je distribue le travail aux domestiques jusqu'au milieu du jour où mon maître place sa tête sur mon giron, bercé par des douces chansons et les mouvements de l'éventail; et au souper, pendant le calme du soir, je me tiens à ses côtés et sers les gâteaux. Puis les étoiles allument leurs lampes d'argent pour le sommeil, après les prières au temple et la causerie avec les amis.

Car les livres saints enseignent que, quand un homme plante des arbres pour procurer de l'ombre aux voyageurs, qu'il creuse un puits pour le bienêtre des gens, et qu'il lui naît un fils, tout cela lui assurera du bonheur après la mort; et ce que disent les livres, je le crois humblement.

Je crois également, que le bien doit venir du bien, et le mal du mal — sûrement — pour toute chose, en tout lieu et en tout temps; car je vois que les fruits doux poussent sur des souches saines et les choses amères sur des plants vénéneux; en vérité, je vois que la méchanceté engendra la haine, la bonté l'amitié et la patience la paix pendant notre existence; et quand il est décrétée que nous devons mourir, ce moment ne sera-t-il pas aussi heureux que maintenant?

Mais quant à moi, je cherche à faire humblement le bien que je puis faire et je vis obéissante à la loi et dans la confiance que ce qui arriva et doit advenir, sera bien."

Et ainsi parla notre Seigneur : "Tu apprends à ceux qui enseignent, tu es plus sage que la sagesse dans ton modeste savoir."

Les Indous et les *Bouddhi*stes disent que l'énergie du monde est dirigée non seulement en rapport avec le bienêtre des êtres qui vivent en lui, mais encore uniquement dans ce but, et ils parlent de la grande loi de *Karma*, la loi morale qui dirige l'univers, d'après laquelle aucune souffrance ne peut survenir à un être vivant sans qu'elle ne soit la conséquence d'une souffrance que lui-même a infligée à autrui. Ils déclarent donc qu'il n'y a aucune raison d'éprouver de la crainte dans ce monde qui est celui de Dieu. Dans la religion *Bouddhi*ste, cette loi a toujours été considérer comme une grâce sans limite et a été révérée comme ce qu'il y a de plus grandiose au monde — la bonne loi — et ceux qui la vénèrent et fondent leur bonheur sur elle appartiennent dans beaucoup de cas au sixième rayon. Dans les nombreux livres existant chez les Indous et les *Bouddhi*stes destinés à l'édification définie du caractère et à l'amélioration de l'homme par l'instruction de soi-même on enseigne toujours au candidat qu'il doit s'incliner devant Dieu en toutes choses, satisfait, comme il est dit dans la Gita, de tout ce qui peut lui arriver de non sollicité par lui, et prêt à y donner sa collaboration comme étant le meilleur moyen d'atteindre à la perfection de sa vie.

Le désir de trouver la bonté dans les choses peut également attacher les personnes du sixième rayon par des liens de réelle gratitude à n'importe quel chef ou instructeur qui proclame la bonté suprême et montre la puissance de son aide dans sa propre vie. Des personnes de ce genre se sont groupées, par exemple, autour de l'étendard du Christ en Occident, de celui de *Shri Krishna* dans l'Inde, et d'autres d'importances diverses au cours de tous les temps. Dans le christianisme nous trouverons les trois sortes d'individus qui existent dans toute religion : la première sorte est celle de ceux qui sont sous l'empire du *Karma* et n'exhibent pas de rayon particulier parce qu'ils ne sont pas les maîtres d'eux-mêmes et de leurs existences, vivent dans la peur et l'angoisse, et cherchent refuge dans la religion ; les autres se répartissent en ceux qui vénèrent le Christ en raison de Son amour et de Sa compassion pour l'humanité, et en ceux qui sont prêts à aimer et à rendre service aux hommes pour se conformer au Christ, qu'ils vénèrent tout particulièrement en raison de Sa grande bonté. De ces derniers, le premier groupe se compose de personnes du deuxième mues par sympathie pour la vie autour d'eux, et le deuxième groupe renferme les personnes du sixième rayon, dévots en premier lieu et serviteurs en second.

Un aspect de ce rayon qui joue un grand rôle dans le respect pour le monde, en dehors de toute personnification, c'est l'appréciation de la prospérité. Ce monde du nôtre est grandement chéri par des millions de personnes qui usent avec plaisir des joies procurées par la prospérité ou *Lakshmi*, et admirent sans restriction sa présence dans les grandes entreprises et les vastes biens de l'humanité. Cette sensation est perçue au plus haut point de nos jours, par la nation américaine, qui aime ses cités et ses plaines fructifiantes, d'un amour sans bornes. C'est un peuple qui n'a pas honte de la sentimentalité et c'est les larmes aux yeux qu'il l'a baptisée "La terre personnelle de Dieu" — et c'est bien, en vérité, *Lakshmi* que nous avons ici.

Parmi les animaux c'est notre ami le chien qui personnifie le mieux ce type. Pour lui, le maître qui ne peut agir mal, dont la vie est une source de pouvoirs miraculeux, le maître qui est l'origine de toute bonté, qui est l'être qu'on doit servir, pur lequel on doit travailler, on doit mourir, l'être qui ouvre les portes du paradis dans toutes les promenades au loin, dont la sévérité même est en quelque sorte de la douceur, et aux pieds duquel c'est l'honneur suprême et radieux de ramper lorsqu'il est contrarié — celui-là est le dieu de son salut. Le Christ ou Krishna n'ont pas, parmi les hommes, d'adorateur plus sincère.

CHAPITRE XVII

LE SEPTIÈME RAYON

De la même façon que le savant voit la pensée divine dans la pensée et que le dévot adore le cœur compatissant ainsi le véritable artiste vibre en réponse à la main experte. C'est le troisième des rayons de la soumission ou de la dévotion, parce que l'artiste et l'amant de la beauté reconnaissent leur Maître dans le vaste monde.

Le véritable artiste ne se considère pas comme le créateur de la beauté, pas davantage que le vrai philosophe ne s'imagine être l'auteur de la vérité qu'il proclame. Voyez la sagesse du Platonicien à cet égard. Il pose la question : "D'où le philosophe et l'artiste tirent-ils, l'un sa vérité, l'autre sa beauté ? Ces génies inventent-ils ces choses par la puissance de leur propre esprit, et apportent-ils ainsi quelque chose de nouveau dans le monde ? Ou bien se le procurent-ils dans la merveilleuse création au milieu de laquelle nous vivons ?" Et il donne la réponse que l'art n'est qu'une copie de la nature, et l'artiste n'est qu'un voyant de l'esprit divin qui emplit le monde avec toutes sortes de merveilles.

Je me souviens d'un incident à l'exposition de l'école d'art du Bengale où quelques visiteurs s'arrêtèrent devant une belle série de peintures représentant des couchers de soleil sur les montagnes de l'Himalaya; ils les critiquèrent à haute voix, déclarant que de telles teintes n'avaient certainement jamais existé dans un coucher de soleil; mais plus tard, ces mêmes personnes s'écrièrent en contemplant un coucher de soleil: "Mais ce sont les coloris de ces fameux tableaux de Calcutta." Elles ne les avaient jamais remarqués auparavant, et elles les voyaient maintenant uniquement parce qu'elles avaient vu les peintures, et l'artiste leur avait appris à voir dans une certaine mesure ce que lui-même voyait.

La beauté en toute chose frappe l'artiste, car il possède une sensibilité physique supérieure à celle des autres hommes et telle qu'elle peut l'élever à des hauteurs de conscience qu'on n'imagine pas d'habitude comme en son pouvoir. Je me souviens d'un artiste russe dont la conviction était qu'il ne pouvait pas y avoir d'avenir pour l'Europe tant qu'elle ne sympathi-

XVII. — LE SEPTIÈME RAYON

serait avec l'art russe et qu'elle ne permettrait pas à son influence de mouler la civilisation et de modifier les peuples. Se rendant compte de cette puissance, les Platoniciens joignirent la dévotion à leur philosophie, et ils comprirent que le bonheur devait naître de la contemplation, mêlée de vénération et de gratitude la plus profonde envers les œuvres de l'être universel dans lequel est vécue notre existence. L'extase de la beauté doit être un constituant de l'état parfait de la vie au-delà de la conscience, *ananda* lui-même.

Considérée à cette lumière, l'artiste habile devient un collaborateur de Dieu en vue de l'évolution de l'homme. Bien qu'il puisse être transporté et illuminé par ce que le canal de la beauté lui amène, ainsi que toutes les personnes le sont dans la mesure de leur réceptivité, cet homme possède de la volonté pour affermir ses pensées et ses sensations, de telle manière qu'elles sortent de sa main sous forme d'œuvres. Ceci le concentre dans sa dévotion et l'aide à négliger les opinions du monde. Il voit tout d'abord la beauté que d'autres ne peuvent voir, puis il la reproduit séparée de la masse confuse de beauté avec laquelle elle se trouvait mélangée dans les conditions ordinaires, et de cette façon il attire sur elle l'attention des autres.

L'artiste ne perdant jamais de vue le Dieu dans les choses, ne se lasse pas de son but durant sa vie entière ;

et il est rare de contempler la quantité de concentration soutenue qui est la volonté, avec laquelle il dirige toutes ses facultés au service de son œuvre. Pensez, par exemple, au travail soigné et tant de dévotion contenue dans les plus petits fragments des grands temples et des mosquées de l'Inde. Presque toutes les villes et les grands villages du sud de l'Inde sont dominés par d'énormes temples à coupoles, couverts de sculptures, et sont embellis par des pièces d'eau entourées de murs artistiques ; tandis que dans le centre et dans le nord de l'Inde il y a presque partout des mosquées magnifiques ornées de minarets et de coupoles, de palais et de tombeaux, et de temples d'un modèle plus petit que ceux du sud. Ces superbes édifices, beaux de hauteur, de lignes et de proportions, autant que du détail des sculptures, nous restent comme des monuments durables de jours anciens, où les hommes recherchaient l'extase et la révélation par la beauté ; ils sont, aujourd'hui, des instruments parfaits pour affiner, élever et élargir la conscience de tous ceux qui résident près d'eux ou les visitent, et sont remués par leur surpassante beauté. Certainement, la rare grâce du peuple indien est due en grande partie à l'œuvre de ce rayon dans cette partie du monde. Nous ignorons qui étaient ces architectes et ces sculpteurs, mais en regardant leur travail, nous

nous rendons compte de la patience qu'ils ont dû déployer année après année pour rendre précis et parfait chaque détail de leur œuvre. Les écrivains de nombreuses nations s'unissent dans la louange et la gratitude envers ces artistes inconnus pour leurs travaux, qui continueront à être, pendant des milliers d'années, une inspiration pour les adorateurs de la beauté dans le monde entier. On ne peut pas contempler une telle beauté sans qu'on ne devienne soi-même plus beau au dedans, et à son tour, cette beauté intérieure se manifestera sous une forme extérieure. La plupart des vrais artistes sont eux-mêmes beaux à voir, bien qu'il soit vrai que les caricaturistes sont des caricatures. Si vous admirez la beauté d'un superbe coucher de soleil, ou la magnificence des splendides monts de l'Himalaya ou l'imposant rocher et les hauteurs de Rio-de-Janeiro, vous vous apercevrez bientôt que leur beauté et leur force ont pénétré en vous, et que vous êtes plus calme et plus ferme qu'auparavant. La stabilité et la sérénité de Dieu se sont en quelque sorte insinuées en vous et ont équilibré votre vie intérieure, la rendant sereine et forte.

 Tout comme la poursuite de la connaissance développe le mental, de même la production de la beauté par l'action experte rend celui qui la fait, plus beau dans sa propre forme et dans ses mouvements. Donc, en réalité, sur chaque sentier l'homme n'approche Dieu qu'en devenant lui-même Dieu ; et sur la ligne qui nous occupe, la beauté réelle appartient à celui qui la fait. C'est pourquoi la beauté ne peut jamais être superficielle, elle ne peut non plus être réalisée par des procédés dénués de beauté, pas plus qu'un système de connaissance ne peut être construit s'il ne contient la vérité dans toutes ses parties. Ceux qui cherchent la beauté extérieure, satisfaits quand ils laissent des détritus derrière les décors, sont pareils à ceux qui s'imaginent que de vastes richesses physiques peuvent procurer une vie de force et de puissance, même si le possesseur n'est lui-même pas très riche en véritable tempérament humain. Un cheval court bien : il y a de la dextérité dans l'action, du vrai yoga — et quelle beauté dans chaque mouvement de l'ensemble, de chaque partie et de chacun des plus petits muscles ! Il en est ainsi de toutes les actions que des siècles d'évolution ou qu'un grand entraînement ont perfectionné, et cela nous est plus que jamais révélé, aujourd'hui avec l'aide de la cinématographie au ralenti.

 Le philosophe ou le savant peuvent discerner dans ces agissements merveilleux la stabilité du principe de beauté, bien que l'artiste lui-même puisse ne pas s'intéresser spécialement à ce côté de la question. Il y a un équilibre dans le mouvement qui est aussi stable que la forme admirable mettons d'un grand morceau d'architecture finnoise moderne. Et contemplant ces choses chaque homme s'écriera : "En vérité, dussè-je aller au ciel le plus élevé, il faut que j'emporte au moins ces choses avec moi !" C'est avec juste raison que les écrivains Puraniques alignèrent le long de la route allant à la ville sainte de Yama, des chevaux descendant d'Uchchaihshrava, des éléphants de la famille d'Airavata, des canards sur des étangs et des rivières merveilleux, et des arbres répandant une ombre parfumée. La beauté est le calme de l'action parfaite en son, couleur ou forme, et c'est à bon droit qu'il a été dit que de toutes les choses dans le monde matériel seul l'art est durable. À son sujet, nous pouvons répéter les belles paroles de Sir Edwin Arnold sur la loi du travail :

"Ceci est sa marque sur la rosé épanouis,
La découpure de ses feuilles de lotus en forme de mains ;
Dans le sol sombre et le silence des graines
Elle tisse la robe du Printemps.
Ceci est sa peinture sur les nuages superbes
Et ceux-ci ses émeraudes sur l'éventail du paon ;
Elle a ses reposoirs en les étoiles ; ses esclaves
En l'éclair, le vent et la pluie.
De l'obscurité, elle a fabriqué le cœur de l'homme,

De coquilles ternes, le cou souligné du faisan ;
Toujours à la tâche, elle transforme en beauté
Tout courroux et toute épave.
Ses œufs gris dans le nid doré du colibri
Sont ses trésors, les cellules à six côtés des abeilles,
Ses réserves de miel ; la fourmi sait ses plans
Et les blanches tourterelles les connaissent bien, aussi
En une voûte céleste sans bornes elle fait
La musique ordonnée des orbes en marche ;
Dans les profonds abîmes de la terre, elle cache l'or,
Les rubis, les saphirs, les lazuli.
Toujours et toujours à la recherche des secrets,
Elle se repose dans la verdure des clairières,
Soignant d'étranges rejetons au pied du cèdre,
Préparant feuilles, fleurs et tiges."

On ne peut pas écrire de la beauté sans parler du Japon. J'ai parcouru le monde entier et vécu parmi les peuples de vingt pays, mais je n'ai rencontré nulle part ailleurs l'abondante beauté qui emplit la vie de l'homme de cette contrée. Les temples, les jardins et les boutiques d'art sont parmi les merveilles du monde, qu'aucun mot ne peut décrire. Et l'on comprend la valeur de cette nation pour l'humanité quand on réfléchit que toute âme qui, par la naissance, passe en elle est inévitablement touchée par un sens de la beauté bien plus grand qu'elle n'avait jamais eu auparavant. En d'autres pays, de rares âmes sont artistes, elles sont perdues parmi la foule et sans aucun pouvoir, mais ici tout est beau et la nation entière s'en ressent. Ce n'est pas pour les visiteurs étrangers que sont faits leurs peintures et leurs chefs-d'œuvre les plus rares, mais bien pour eux-mêmes, et dans la maison de l'homme appartenant à la classe moyenne, il y a toujours un autel de la beauté dans la principale pièce — un recoin large comme une porte et profond de plusieurs centimètres, avec une petite marche pour le surélever du sol.

Quelques trésors d'art sont déposés là — une image, le kakémono, et une pièce de bronze, d'ivoire, de laque travaillée ou quelque objet de ce genre, reposant sur une petite table ou un piédestal d'ébène. Vous pourriez croire à votre première visite que ce sont là les seules richesses de votre ami, mais plus tard, vous trouverez dans l'autel de la beauté une série différente de trésors. La maîtresse de maison ne remplit pas ses chambres avec de belles choses ; elle comprend le principe de la beauté et conserve sa collection dans un placard, n'en montrant qu'une partie à la fois. Où peut-on trouver ailleurs cette compréhension ? Même l'effleurement le plus léger du doigt japonais sur la chose la plus petite la rend belle, d'une beauté qui est plus littérale que suggestive, car la qualité de la septième sous-race est d'une telle perfection qu'elle dissimule presque complètement le caractère de la quatrième race-mère dont elle est inhérente. Quel autre peuple sortira par centaines de milliers pour admirer leurs cerisiers en fleurs, cultivés uniquement pour leur floraison, car les fruits sont totalement impropres à la consommation ? Et où verra-t-on ailleurs les enfants traités avec une si rare douceur, et enseignés à sourire particulièrement quand ils sont ennuyés, non pas pour qu'ils s'endurcissent, mais afin de ne pas transmettre leurs chagrins aux autres ? Une telle beauté et une telle dévotion envers la beauté sont certainement chères aux *déva*s. Le beau, le beau partout et un peuple d'une douceur suprême mais d'une volonté de fer. Heureux le Manou d'une telle race.

Un à-côté curieux de ce principe, agissant par l'entremise du toucher, est l'instinct de propreté des personnes de ce rayon. C'est quelque chose de différent que d'être méticuleux ou ordonné, et qui tient de l'enlèvement des excroissances pouvant libérer la beauté cachée dans les choses extérieures. Le Japonais manifeste cette qualité, car au nom de la propreté, chaque jour il va jusqu'à presque s'ébouillanter. Il n'est pas facile d'être trop propre soi-même, pourtant on se rappelle à ce propos le proverbe japonais relatant le sort de la ménagère affairée qui voulut laver la figure du tigre.

Le cérémonial est également une partie très importante de l'activité de ce rayon, et on pourrait le désigner comme en étant la magie pratiquée par les hommes. Si vous viviez dans une maison habitée par un homme de pensées grandes et saintes, vous seriez élevé par ses vagues de pensée et ses formes-pensées agissant continuellement sur vous, et cela dans la mesure de votre réceptivité. C'est un fait d'expérience pour beaucoup de disciples des Maîtres qu'en présence de leurs Instructeurs, il leur est possible de comprendre des vérités dont à d'autres moments ils ne sont pas surs. L'influence de toute forme de *Kriyashakti* dans le monde est une chose très réelle. Ce pouvoir opère par la beauté aussi bien que par d'autres moyens; c'est lui qui transforme le pèlerin allant à Badarinarayan en la force et la pureté des monts Himalayas eux-mêmes, et le pèlerin allant à Kyato en la douceur des jardins parmi lesquels sont érigés ses sanctuaires. Cela est particulièrement vrai et profitable lorsque le pèlerin est dans une disposition de vénération, car il est alors en mesure de répondre au pouvoir et de l'absorber avec les trois parties de sa constitution personnelle — corps, sensations et idées. La vénération du cérémonial conduit particulièrement en tout lieu, en tout pays à la transmission de cette influence; le beau arrive donc, à être très important en ce qui concerne les cérémonies — la beauté de l'odeur, du son, de la couleur et du mouvement; et sans elle beaucoup de personnes ne peuvent pas éprouver le maximum de dévotion qui leur est possible.

Le cérémonial est une chose si saillante dans le septième rayon que dans l'Inde si vous parlez du sentier de l'action beaucoup de personnes penseront aux formes de cérémonial dans leur religion, considérant celles-ci comme les agissements susceptibles d'amener les hommes en contact avec les *déva*s, et croyant que le service de l'invisible apporte de cette manière sur eux et leur entourage beaucoup de grâce. Tout ceci a été forgé en un instrument pour venir à l'aide de l'homme, comme du reste l'ont été, de manières diverses, toutes les autres choses où l'esprit humain est tendu vers quelque idéal défini; dans ce but les grands aides de l'humanité ont ajouté à la beauté du cérémonial et à son appel aux *déva*s, la magie et le symbole du quatrième rayon. Nous trouvons ainsi dans un bon cérémonial des belles formes rendues de multiples fois belles par de belles pensées qui y ont été déversées pendant des siècles, et également des formes de beauté profondément cachée incarnant les mathématiques essentielles du monde, et l'influence des grands royaumes des *déva*s qui vivent dans l'émotion du beau et se plaisent à être présents partout où ses formes peuvent être trouvées.

Chez les animaux, le chat donne un bon exemple des qualités du septième rayon. C'est une créature gracieuse dans toutes ses parties, et belle au repos ou en mouvement. En dehors de leurs lignes spéciales de développement, il y a chez le cheval, l'éléphant, même le singe et le chien une sorte de lourdeur dont le chat est totalement exempt, quoi qu'il puisse lui arriver. Une de mes amies raconte l'histoire d'un chat qui demeurait la porte proche de la sienne et avait coutume de venir souvent chez elle apparemment avec une idée définie. Il entrait régulièrement dans la pièce où se tenaient les personnes ; s'il voyait qu'il y avait un feu, il pénétrait complètement et se mettait à l'aise, mais en cas contraire il partait d'un air découragé. L'amour du luxe éprouvé par le chat n'est pas tout à fait un amour du confortable, comme celui de l'homme oisif, mais la satisfaction de la sensibilité ; c'est la créature qui entre le plus dans des conditions physiques et qui incline à se tenir à l'écart des personnes non point parce qu'elle ne les aime pas, mais parce qu'autrement son attention serait distraite. C'est l'animal qui exige que tout soit joli, qui peut se tenir propre, qui préfère davantage les maisons que les personnes, dont il n'apprécie que les caresses et les grattements ; en retour l'humanité ne l'aime pas tant pour ses sentiments de camaraderie que parce qu'il est beau à voir et à toucher.

CHAPITRE XVIII

LE TABLEAU D'UN MAITRE

Rayon	Caractéristique du Rayon	Magie caractéristique	Dernière Religion
1	Fohat Schechinah		Brahmanique
2	Sagesse	Raja Yoga (Mental humain)	Bouddhisme
3	Akasha	Astrologie (Forces magnétiques naturelles)	Chaldéenne
4	Naissance D'Horus	Hatha Yoga (Développement physique)	Égyptienne
5	Feu	Alchimie (Substances matérielles)	Zoroastrienne
6	Incarnation de la Déité	Bhakti (Dévotion)	Christianisme, etc. (Cabale, etc.)
7	—	Magie du Cérémonial	Adoration des Élémentaux

Le tableau des rayons ci-dessus, prend l'allure d'un document historique. Il a été donné au célèbre occultiste C. W. Leadbeater, il y a quarante ans à Adyar, par le Maître Djwal Koul, qui lui dit ainsi qu'aux amis auprès de lui que c'était alors tout ce qu'il était possible de révéler au monde sur les rayons. Ce n'était pas très intelligible à cette époque, mais c'est ce qui a constitué la base classique pour les plus amples détails qui ont été obtenus de temps à autre. Ce tableau figure aujourd'hui dans son nouveau livre remarquable "Les Maîtres et le Sentier". Il m'est tombé dans les mains pour la première fois il y a seulement quelques jours, après que j'eus écrit toutes les idées qui sont contenues dans les chapitres précédents.

Pourtant, en le parcourant, je n'y vois rien qui puisse indiquer une erreur dans cet ouvrage, ou nécessiter une modification. Je le reproduis ici avec l'autorisation de l'auteur, parce que je crois que mes commentaires faits à son sujet peuvent être intéressants pour ceux qui étudient les rayons.

Les mots Fohat et Shechinah mis ensemble pour indiquer la caractéristique du premier rayon seront familiers aux étudiants de la grande œuvre de Mme Blavatsky, *La Doctrine Secrète*. Fohat seul indiquerait le pouvoir complètement indescriptible résidant dans le Dieu universel avant la manifestation, et qui fut employé d'une façon tout à fait inimaginable lorsque le Un non-manifesté voulut devenir multiple et dans ce but accomplit la modification de soi-même en deux ou trois incidents ; mais Fohat-Shechinah signifie le même pouvoir dirigé vers le dehors comme étant Shakti, la cause première de la diversité manifestée, apparaissant au niveau de l'homme sous la forme de la volonté en lui — la faculté ou le pouvoir par lequel il se modifie, et dirige la matière par l'entremise du mental ainsi que je l'ai déjà expliqué. C'est la vraie vie assistant la vie et provoquant le développement de tout ce qui grandit. Les occultistes qui ont eu le rare bonheur de contempler le Seigneur du Monde, le Chef du premier rayon de notre globe, joindront à cette idée le souvenir du caractère électrique de Son aura, semblable à des éclairs bleus, car Il est la grandiose volonté active et le grand régulateur de cette force sur notre planète.

Le tableau donne la magie caractéristique de chaque rayon. Nous ne pouvons pas savoir de façon sure pourquoi les Maîtres ont parlé, de la magie à part, mais il nous est permis de faire des suppositions. La raison principale pour laquelle la Fraternité des Adeptes a si parcimonieusement levé le voile sur la connaissance des rayons a été donnée par Mme Blavatsky, lorsqu'elle a dit que la connaissance des rayons donnait un pouvoir étendu. Beaucoup l'ont recherché afin de découvrir leur rayon personnel, et se sont ensuite adonnés à la magie appropriée, dans laquelle on pouvait supposer que la force venant naturellement par leur canal se déverse avec grande force et relative facilité.

Ainsi donc quand on parlait des rayons, l'esprit était fortement occupé par la pensée de la magie. Il n'est pas fait mention de magie en ce qui concerne le premier rayon, parce que, en toute probabilité, la volonté de l'homme lui-même, sans aucun recours aux autres canaux, était toujours toute la magie que les fiers êtres de ce rayon condescendaient à employer, et sûrement leur attitude se justifie, puisqu'ils perçoivent le pouvoir du Soi et peuvent l'employer comme nul autre.

Quiconque connaît directement la religion Indoue ou *Brahman*ique, et particulièrement leurs formes qui existaient avant l'apparition du culte de *Shri Krishna*, est frappé par leur insistance sur la doctrine que l'*atma*n ou soi dans l'homme est un avec le soi universel, inébranlable centre de conscience destiné à obtenir l'affranchissement de tous liens terrestres, non par une quelconque grâce extérieure, mais par la maîtrise expresse de chaque parcelle de son être et l'inébranlable conviction en pensée et en action contenue dans cette grande parole : "Je suis Cela." Cette religion si elle n'a pas été au début aussi douce et aussi sympathique qu'aujourd'hui a, du moins, placé à la plus grande lumière la croyance dans le principe et la valeur de la justice, par ses puissantes doctrines de *Karma* et de *Dharma*.

Le courage et la volonté du vieux Bhishma étaient bien typiques de cette religion. Il le montrait dans sa splendide indépendance ; menacé par le Roi Shishoupala en proie à une colère terrible, il se leva et répondit très calme :"Apprends que je considère tous les rois de la terre aussi légèrement que des fétus de paille.

Dussè-je être tué comme une bête de la brousse ou encore brûlé à mort, quoi qu'il doive advenir, je mets à l'instant mon pied sur vos têtes à vous tous. Devant nous se tient maintenant le Seigneur, que j'ai adoré."
Je puis dire en passant qu'il n'est pas nécessaire pour les aspirants du premier rayon d'imiter ce langage — les circonstances étaient extrêmement provocantes, de plus l'imitation n'est pas une caractéristique du premier rayon. Plus tard, sur le champ de bataille, alors qu'il gisait mourant, transpercé de flèches et couvert de blessures Bhishma retarda sa fin afin de pouvoir entretenir les personnes autour de lui, de la valeur des treize formes de la vérité, afin de leur donner l'assurance que l'effort est plus magnifique que la destinée et que la volonté de l'homme est supérieure à tous les événements. Même *Shri Krishna*, qui porta l'influence

du deuxième rayon, l'amour, à son plus haut point dans l'Indouisme, commence sa liste des qualités divines qui doivent être développées chez l'homme, par les vertus énergiques de l'intrépidité, de la pureté *sattvique* et de la poursuite constante de la sagesse.

Le terme sagesse, donné comme caractéristique du deuxième rayon exige peu de commentaires; mais je dois faire allusion, une fois de plus, au fait très important déjà longuement décrit que la forme active et l'essence de toute sagesse est l'amour. Le terme raja-yoga du tableau s'applique, je crois, à la splendide science royale de l'union enseignée dans la *Bhagavad-Gita* par *Shri Krishna* et l'expression "mental humain" employée il y a quarante ans à ce point de vue ne désigne pas tant le principe de *manas*, le mental, qui dans ce raja-yoga est considéré être un sixième sens, que ce vrai centre de la conscience humaine appelée par les Théosophes, *bouddhi*. La religion Bouddhiste est certainement typique du deuxième rayon. Combien de fois son Fondateur, dans ses déplacements le long de la vallée du Gange, montra aux Indous le danger d'orgueil contenu dans leur doctrine du soi, pour quiconque se dirait: "Je suis Cela" pensant "Je", en termes de matière ou même de conscience commune, comme les hommes sont aptes à le faire. Combien de fois n'a-t-il pas répété qu'il n'y avait pas de soi éternel comme les hommes le pensaient à tort. Souvenez-vous également de Son enseignement de bonté — cet Homme "qui rendit paisible notre Asie" et imprima de cette façon la qualité de Son large amour sur le monde dont les centaines de millions d'habitants qui ont été Ses adeptes pendant les siècles passés se firent remarquer pour leur douceur et leur absence de désir personnel. C'est la seule religion qui ne s'est pas propagée par la persécution ; cependant elle a gagné à sa cause le plus grand nombre d'adhérents qu'aucune religion n'ait jamais eu. Certainement cette religion est du second rayon.

La caractéristique du troisième rayon est désignée dans le tableau comme Akasha. Akasha est le réservoir du mental universel, le lieu de tous les archétypes, le premier plan de matière sur lequel agit le *Kriya* ou pouvoir de pensée de notre Logos solaire. C'est la vaste mémoire de la conscience de notre globe. C'est le moyen par lequel la conscience remplit l'espace. C'est d'elle que par différence proviennent tous les phénomènes de la vie objective. Je crois que le terme astrologie ne se rapporte pas tant au système de symboles et aux correspondances spéculatives désignées par ce nom aujourd'hui, qu'à la science positive des influences des Esprits Planétaires qui sont à la tête des rayons.

L'homme de ce rayon en apprenant sa magie connaîtrait tout ce qui concerne les caractéristiques des sept types distinctifs de chaque degré et de chaque sorte de force et de matière ; le monde entier serait donc étalé devant le connaisseur de ce rayon comme un immense échiquier sur lequel il pourrait voir les propriétés et les positions de toutes les pièces, et les adapter au projet en mains pour le service de la vie.

Toutes les forces de la nature constituent une vaste science mathématique, et possèdent leurs affinités auxquelles pourrait être très bien appliqué le terme de magnétique. La religion Chaldéenne avec son "astrolâtrie" parfaite et son astrologie pratique, son Livre des Nombres, sa liaison de l'arbre de la connaissance à l'arbre de la vie, et sa grande vénération pour la déesse-lune, semble naturellement avoir appartenu à ce rayon.

Nous arrivons ensuite à la Naissance d'Horus, qu'il semble étrange de voir pris comme la caractéristique de ce rayon ; mais tout s'éclaircit si nous nous souvenons de ce qui a été dit au chapitre 8 à propos de *maya* comme une incarnation de *Shiva*, établissant un lien entre *Vishnou* et *Brahma*, et introduisant l'harmonie dans les relations entre la conscience et la matière. Lorsqu'Osiris fut dépossédé de son royaume les souffrances du peuple devinrent fort grandes sous la loi de leur cruel oppresseur ; mais Osiris se réincarna en son propre fils, Horus, qui vint pour venger les torts et ramener le bonheur. Dans la religion égyptienne, la cérémonie du deuil pour la mort d'Osiris était empreinte d'une douleur très réelle, et elle représentait le grand désir de bonheur (notre *ananda*) que les personnes cherchent partout en des liens terrestres. Set, le meurtrier d'Osiris, représentant les éléments rebelles de la nature et les ténèbres de la nuit, fut battu par Horus qui restaura l'harmonie et finalement devint le dieu des récompenses et des punitions justes. Horus représentait, également bien, l'homme, l'être dans l'état du milieu, en lequel l'esprit le plus élevé et la matière la plus basse trouvent leur terrain de rencontre, et dans lequel ils ont leur opposition et leur harmonie.

Comme ceci est un sujet d'un très grand intérêt, je vais m'efforcer de l'expliquer plus en détail par rapport aux sept principes de l'homme. Le quatrième principe est ce qu'on nomme parfois *antahkarana*, qui veut littéralement dire la cause, ou l'instrument ou encore l'action interne. Au-dessus (dans un certain sens) nous avons *atma*, *bouddhi* et *manas* représentant trois principes qui représentent dans la constitution humaine le cinquième, le sixième et le septième. Les termes employés pour décrire ces derniers sont devenus très confus, des auteurs différents s'en étant servi dans des acceptions différentes. Laissez-moi vous donner une série de termes pour la commodité de notre présente étude. Ce qu'on appelle ordinairement le mental inférieur est *kama-manas*, c'est-à-dire *manas* avec le désir, *manas* s'intéressant aux choses de l'extérieur. Le mot *kama* a peut-être été employé dans un sens trop limitatif, pour n'impliquer que le désir sensuel grossier, alors qu'il signifie tout désir. Et le désir est l'aspect de l'amour dirigé vers le dehors, l'amour des choses des trois mondes; tandis que le véritable amour est l'amour de la vie ou du divin, et appartient au soi supérieur ou soi dirigé vers le dedans. Ce qu'on nomme ordinairement le principe astral est simplement *kama*, bien qu'il devienne *kama-roupa* lorsque se forme un corps astral défini. Le septième principe est dans le double éthérique, qu'on a désigné parfois sous le nom de *linga-sharira* ou corps subtil.

Le corps dense physique ne contient en lui aucun principe réel de l'homme. Ce n'est tout juste qu'une partie du monde extérieur. Ce n'est même pas la main de l'homme, mais un outil tenu dans une main, qui est le double éthérique. Ce corps dense n'est employé que pour véhiculer les organes internes dans lesquels fonctionne l'homme sur le plan physique. Dans les tableaux des sept principes, quelques-uns mettent l'*antahkarana*, d'autres le corps dense physique, mais aucun d'eux ne les mettent ensemble.

On peut constituer trois tableaux ainsi qu'il suit :

XVIII. — LE TABLEAU D'UN MAITRE

	1	2	3
1	Atma	Atma	Atma
2	Bouddhi	Bouddhi	Bouddhi
3	Manas	Manas	Manas
4	Corps physique	Antahkarana	Monade
5	Manas inférieur (Kama-manas)	Kama-manas	Kama-manas
6	Astral (Kama-roupa)	Kama-roupa	Kama-roupa
7	Éthérique (Linga-sharira)	Linga-sharira	Linga-sharira

Comme on peut le voir, le premier tableau donne à juste raison les sept principes de l'homme ordinaire, le second tableau ceux de l'occultiste qui n'a pas atteint la perfection, et le troisième tableau donne ceux de l'Adepte au moment où il a atteint ce stade. Le principe que nous étudions en ce moment agit au travers du corps physique dans le premier cas, au travers de l'*antahkarana* dans le second et au travers de la monade dans le troisième.

Il y a une relation merveilleuse entre la monade, l'*antahkarana* et le corps physique ; mais ceci étant un peu difficile à saisir, j'y arriverai progressivement. L'*atma-bouddhi-manas* est le divin dans l'homme. C'est la partie de l'homme qui évolue réellement — en particulier le corps causal acquiert une impulsion sur le sentier de probation, le corps *bouddhi*que sur la première moitié du sentier proprement dit (entre la Première et la Quatrième Initiations) et le corps atmique sur la deuxième moitié de ce sentier (entre la Quatrième et la Cinquième Initiations). Son occupation première se trouve donc sur ces plans, mais quelque chose est nécessaire pour spécialiser ses fonctions, comme le grain de poussière dans le brouillard ou comme le petit corps étranger dans la perle. Plus tard, il faudra qu'elle devienne un Logos, il est donc indispensable qu'elle apprenne à voir le monde du dedans de ce monde, c'est-à-dire de son propre extérieur. D'où découle la nécessité de son immersion dans la matière.

Le divin ne peut donc pas pénétrer dans les mondes matériels d'un seul coup, mais étape par étape. L'*antahkarana* se joignant à lui en une personnalité donnée est l'une de ces étapes. L'*antahkarana* est donc un substitut pour le soi supérieur dans l'homme inférieur. Dans une incarnation quelconque le soi supérieur n'a aucunement l'intention de s'exhiber, ni lui, ni tout ce qu'il a pu acquérir de développement dans des vies antérieures. Quelque chose a été choisi en vue d'un certain but dans cette vie, et la personnalité devra se contenter non pas de se développer, mais d'apprendre la leçon du moment. C'est la raison pour laquelle elle doit se donner complètement au supérieur, avec absolument aucun espoir d'avenir pour elle-même, sauf sa récompense en *Déva*chan. Si elle ne fait pas cela, elle devient l'antagoniste du supérieur, le contradicteur de ses desseins.

Tout ceci était indiqué dans l'histoire égyptienne d'Osiris. Le soi supérieur est Osiris. Osiris a son œuvre à accomplir dans les sphères supérieures. Il ne peut point demeurer en bas pour faire la guerre à Typhon ou à Set, mais dans ce but, il se pourvoit d'un fils, Horus. Horus est l'*antahkarana*. L'*antahkarana* est la seule chose qui soit divine dans la personnalité et c'est une petite réincarnation de son propre père. Ceci explique le terme de "Naissance d'Horus".

Observons ensuite la distinction entre la personnalité et la série de corps. Horus devrait être le maître de la personnalité. C'est-à-dire qu'il devrait fonder sur la terre un royaume qui représentera son père. Dans un tel cas, les corps attireraient des espèces de matière, acquerraient des modes de vibration, et établiraient des formes et des habitudes, compatibles avec une personnalité d'en haut. Horus serait alors la personnalité divine dans l'homme, entièrement en harmonie avec les trois principes supérieurs, établi dans un royaume sur la terre comme il l'est dans le ciel, et la divine tétrarchie (d'une espèce) serait alors constituée.

Mais il ne faut pas négliger le *karma* — le *karma* des actions faites par le moyen du corps dense physique dans des incarnations précédentes. Ce *karma* intervient pour donner consistance au corps de l'extérieur, par l'hérédité et par d'autres agents, même avant la naissance. Les choses extérieures agissent constamment sur lui en une multitude de façons depuis l'instant de sa naissance, et elles tendent à ériger une autre sorte de personnalité. Typhon veut être le maître. S'il gagne la bataille d'une façon nette dans une incarnation quelconque, nous avons alors le phénomène le plus malheureux de l'établissement de la "soi- personnalité".

Cependant, même cette défaite n'est pas inutile. Si le supérieur n'est pas encore capable d'être le maître parmi les épreuves apportées par le *karma* passé, cela signifie qu'il est encore au stage de la tutelle, et non de l'intuition. Il faut qu'il apprenne par expérience —

quelquefois par expérience douloureuse. Mais toute épreuve amenée par le *karma* est bonne pour l'évolution de l'âme, et bien qu'elle puisse survenir sous le déguisement d'un ennemi, elle est en réalité l'ami le meilleur. C'est pourquoi, finalement, Typhon n'est pas un ennemi, mais un autre substitut — un substitut pour l'*antahkarana*, fournissant une continuité ordonnée d'entraînement pour le supérieur, un moyen de poursuivre son développement. C'est le représentant des Seigneurs Karmiques.

Nous arrivons maintenant à la matière. J'ai dit que l'*antahkarana* est un substitut du divin, le soi supérieur. Ce n'est pas tout à fait exact, cependant il semblait nécessaire de le dire, afin que nous soyons dirigés vers la vérité la plus profonde. Le divin est l'expérimentateur, celui qui expérimente; le matériel est l'objet de l'expérience. Ces deux ne peuvent pas se rencontrer par le moyen de quelque chose en eux; mais ils vont tout de même de pair parce qu'ils sont tous deux des abstractions d'un plus grand tout. Reprenons l'histoire de la Colonne de Lumière. *Vishnou* (le deuxième Logos, le Divin) et *Brahma* (le troisième Logos, le Matériel) ne pouvaient s'entendre, jusqu'à ce que *Shiva* (le premier Logos) leur apparût et leur démontra qu'il leur était, à tous deux, complètement supérieur. Ils lui devinrent, donc, dévoués et se mirent à collaborer ensemble dans leur soumission à Lui. Il ne demeura pas avec eux, mais établit l'harmonie entre eux et promit qu'ils Le verraient encore lorsque leur tâche serait accomplie.

L'harmonie persista, somme un moyen de rapport entre le sujet et l'objet, entre celui qui connaît et ce qui est connu, entre le divin et le matériel. Cette harmonie est *maya* ; c'est notre vie, qui est un substitut de la véritable vie.

L'*antahkarana* représente donc chez l'être humain *maya*, et le corps physique, qui est le point d'appui du *Karma*, joue également ce rôle. La monade étant le Premier Logos dans l'homme, le soi supérieur étant le Second (avec trois facultés) et le soi inférieur, le Troisième (avec également trois qualités) il s'ensuit que l'*Antahkarana* représente ce Premier Logos (la monade) jusqu'à ce que l'œuvre de collaboration du Troisième et du Second Logos ait été achevée.

Quand ceci s'est produit, l'*antahkarana* n'est plus nécessaire, car l'homme a terminé sa carrière humaine, et il se trouve de nouveau en présence de son Seigneur (la monade).

Le hatha-yoga est, dans l'Inde, basée sur la théorie des correspondances, et la croyance que, comme le mental influence le corps, pareillement le corps influence le mental. Ses fidèles pratiquent le contrôle le plus rigoureux de leur corps, non pas en y infligeant des tourments et des blessures, sauf dans le cas de quelques ignorants et de quelques superstitieux de ce culte, mais en l'amenant à la condition de la plus parfaite santé, et en agissant sur le double éthérique par des systèmes de respiration — tout ceci dans le but d'acquérir les pouvoirs mentaux ou siddhis, ou encore pour obtenir une profonde concentration. La magie égyptienne prenait en considération non pas seulement le corps mais une grande variété de choses, et en agissant par le symbolisme et les correspondances produisait des effets dans les mondes du dedans et du dehors. Tout ce qui était extérieur semble avoir eu pour les Égyptiens une signification et un effet au dedans, tant ils tenaient étroitement liés, dans leur esprit et également dans leur vie, les mondes intérieur et extérieur.

Le feu est désigné comme la caractéristique, et l'alchimie comme la magie du cinquième rayon. Ceci montre bien le rayon scientifique, dans lequel le succès exige la vérité et la pureté les plus scrupuleuses. *Agni*, ou le feu sous toutes ses formes, a eu une grande part dans l'œuvre de l'homme en chimie, en physique et dans toutes les autres branches de la science pure et appliquée. Il est en relation avec l'esprit concret de l'homme, et aussi avec le fait très intéressant que la science dépend presque exclusivement du sens de la vue, et par conséquent de l'agent lumière, une forme d'*agni*. Si, par exemple, il est désirable de connaître la nature de la chaleur dans un corps, le savant ne le touchera pas avec son doigt afin de connaître la chaleur par le toucher; il se servira d'un thermomètre pour indiquer la chaleur d'une manière visible. Ainsi que tout le monde le sait, la religion de Zoroastre est celle du feu et de la pureté.

Le sixième rayon a comme caractéristique "incarnation de la déité", et comme moyen de pouvoir magique, *bhakti* ou dévotion. Ceci s'accorde exactement avec notre plan, car le dévot de ce rayon considère Dieu comme la bonté dans le monde objectif, et non pas les déités abstraites ayant plus d'attrait pour les hommes d'autres rayons. Le Christianisme a toujours été en grande partie une religion de ce type, ne négligeant point les richesses et les possessions terrestres, ni celles de la vie future.

Pour une raison inconnue la caractéristique du septième rayon n'a pas été donnée, peut-être parce que si la beauté avait été désignée on aurait négligé son caractère de profond équilibre. Tous les rapports concernant les relations des hommes avec la grande évolution des *déva*s montrent combien est cher à ces êtres tout ce qui est beau, dans la nature et dans l'art, en formes, couleurs, sons et de toutes les autres façons. Il a été constaté en particulier combien les odeurs délicieuses leur sont agréables et attrayantes. Dans ces circonstances, il n'est pas étonnant que le cérémonial soit la magie de ce rayon; les couleurs somptueuses, les sons exquis et les mouvements rythmés qui, presque toujours, l'accompagnent, peuvent améliorer l'entourage ou l'atmosphère psychiques de l'humanité en amenant les *déva*s en contact plus étroit avec nous. La sensibilité à l'existence d'être invisible dans la nature a conduit également aux formes premières de cette activité, où les hommes se mettaient en contact avec les esprits de la nature et les *déva*s par des formes appropriées de cérémonie.

TROISIÈME PARTIE

LA GRANDE UTILITÉ ET LE GRAND DANGER DE LA SCIENCE DES RAYONS

CHAPITRE XIX

VOTRE RAYON

Cette science des rayons est, pour ceux-là qui possèdent un idéal, une étoile brillant à l'Orient, qui les attire par une irrésistible fascination, en sorte qu'ils ne peuvent faire autrement que de porter leurs pas dans cette direction, traçant ainsi leur sentier dans la vie. Les autres, qui vivent encore pour la satisfaction momentanée du corps, des sens et de l'esprit, sont les esclaves de *maya;* ils éprouvent la même joie versatile que les animaux. Mais seul, celui qui possède un idéal stable est sur le chemin de la vraie vie qui est *ananda,* bonheur; et même, s'il doit avancer rapidement sur la route, il lui faudra non seulement l'étoile inspiratrice de son idéal, brillant bien au-dessus et bien en avant de lui dans les ténèbres, mais encore une lampe de vertu pour éclairer ses pieds, et un pouvoir pour mouvoir ses membres. Mieux encore, pour fouler ce chemin avec la plus grande célérité possible, il est nécessaire pour lui de préciser quelle est l'étoile qu'il doit suivre, quelle vertu et quel pouvoir doivent être les siens, ou, en d'autres mots, il faut qu'il trouve quel est son rayon.

 Or, ceci n'est possible que s'il dirige sa vie du dedans. Il y a quelques jours, j'observais deux joueurs d'échecs. L'un était courbé sur l'échiquier, l'oeil anxieux, les sourcils froncés, et ses doigts tremblaient à chacun de ses coups ; l'autre se penchait en arrière, étudiant calmement le jeu, et quand il touchait les pièces, il le faisait avec une grâce naturelle et discrète. Celui qui veut fouler le sentier du bonheur doit se rendre compte que la vie est pareille à ce jeu, et n'est rien de plus. Son domaine s'étend sur le lieu où se rencontrent deux mondes. Appelons l'endroit où je rencontre le monde extérieur, mon monde. Ce n'est pas l'ensemble du monde, mais seulement la portion où se joue ma partie, où les choses me touchent et m'affectent au moyen des sens et où moi je les influe par ma pensée. Il y a beaucoup de choses dans le temps et dans l'espace qui ne m'affecteront pas au cours de la présente partie, et il y a beaucoup de choses au-delà de l'atteinte de mes pouvoirs ; mais il est certain qu'il existe une région qui est mon monde, plus ou moins grande selon la mesure dans laquelle je suis allé à la rencontre du monde et que je l'ai pris en mes mains, ou encore que j'ai débuté dans la partie de jeu de la vie. Toutes les pièces qui se trouvent sur cet échiquier sont faites pour être employées — le roi, la reine, les fous, les cavaliers, les tours, et les pions — la famille, la richesse, la renommée, les amis, les relations d'affaires — et même le corps, avec ses qualités de santé et de force dans les organes, les membres, les sens et le cerveau, et avec ses habitudes physiques, émotionnelles et mentales. La partie, pour vous, se joue dans votre monde, le lieu de rencontre du soi caché et du plus grand monde. Au début vous êtes en bonne situation, mais vous vous portez en avant pour élargir ou pour utiliser vos pouvoirs, et immédiatement, vous prêtez le flanc à une attaque. À chacun de vos coups correspond un autre coup, dans le monde où action et réaction sont inséparables. Les positions bonnes et les positions mauvaises vont et viennent; les pions et les cavaliers succombent, mais vous n'êtes pas vaincu, et vous apprenez à évaluer les pièces uniquement pour leur usage, et à les laisser partir avec calme lorsque, par leur sacrifice, peut être obtenue une meilleure position. Adieu! fous, tours et reine sont emportés, mais vous n'avez pas succombé. Et vous n'êtes pas perdu même si le roi, la dernière pièce qu'il vous restait encore sur l'échiquier, est pris. Ce n'est pas là motif de se lamenter, car si vous avez consciencieusement joué votre partie, vous serez plus aguerri pour la prochaine.

Les événements de la vie ne vous touchent réellement jamais, mais affectent uniquement votre monde. Penchez-vous dans l'anxiété, plein de déraison et il vous paraîtra que la perte d'un pion ou d'une tour est une atteinte au vrai soi ; en réalité, rien ne vous a touché, mais c'est seulement votre monde qui se trouve atteint, et tous les événements sont favorables à l'âme calme et active. Prenez une position franche et penchez-vous en arrière, alors la réalité vous paraîtra ainsi.

Je déterminerai cinq stades dans le progrès ou l'évolution de l'âme humaine et partout nous devons voir les hommes sur les divers barreaux de cette échelle :

1er Stade : Se penchant en arrière ;
2e Stade : Se tenant droit ;
3e Stade : Se courbant en avant ;
4e Stade : Se tenant droit ;
5e Stade : Se penchant en arrière.

Le premier stade est celui de l'homme primitif et non encore éveillé, qu'il soit civilisé ou non, paresseux et indifférent, poussé à l'action uniquement par les mauvais coups du destin. Le second est celui de l'homme qui a appris que le monde contenait des choses très agréables et qui les désire ardemment au point même d'en être avide.

Dans le troisième stade, il est encore rempli d'un violent désir, mais il s'est aperçu que le monde est plein de dangers et d'alternatives, et possède des lois qui lui sont propres; cet homme est anxieux de gouverner la fragile embarcation de son existence; à travers les rapides de la vie. Dans le quatrième stage, il est encore absorbé dans le jeu, mais il le joue avec dignité, même s'il ressent vivement chaque gain et chaque perte; mais au cinquième stage, il conduit la partie comme un qui est immortel, qui sait et sent à tout instant qu'il ne peut en définitive que gagner dans le grand jeu dont ceci n'est qu'une petite part, parce qu'il devient continuellement de plus en plus fort. Il est débarrassé de l'anxiété, du mécontentement et de la rancune; pour lui, l'espoir et la crainte ont disparu, et il ne peut pas compter sur la miséricorde des évènements jusqu'à souhaiter que son adversaire joue selon son désir. Quoi qu'il advienne, il n'abandonne pas son calme, il conduit la partie en se penchant en arrière sur lui-même pour ainsi dire, et sa force en sommeil est comme celle précédant le bond du tigre. D'autres personnes ont reconnu dans leur univers d'expériences deux parties distinctes, moi-même et le monde; lui, il y a reconnu trois parties définies, moi-même, mon monde et le monde. Or, ce n'est pas le monde qu'il doit craindre, mais bien uniquement lui-même et son seul soin doit être de faire attention à se servir de ses pouvoirs et à ne leur jamais permettre de s'assoupir.

Étant, dans une certaine mesure, parvenu à ce stade, la question se pose maintenant de savoir comment vous trouverez quel est votre rayon. Il est impossible d'établir aucun genre de règles permettant d'arriver à cette découverte ; cependant, il vous est permis de vous poser certaines questions qui aideront à la descente de l'intuition dans le cerveau. En ce moment, il est possible que vous ayez des penchants marqués soit pour l'éducation, soit pour la philanthropie ou l'art, mais ils peuvent n'être qu'une phase passagère, un intérêt stimulé par l'ambiance du milieu, Tout d'abord, demandez-vous de quelle manière la magnifique science théosophique a délivré des limitations paralysantes l'essor de votre âme. A-t-elle paru ouvrir un sentier de victoire sans fin pour le progrès de l'âme aspirante ? A-t-elle semblé faire disparaître les obstacles à l'expansion universelle du cœur rayonnant ? A-t-elle débarrassé de la confusion un esprit qui voulait tout saisir en un plan embrassant tout ? A-t-elle montré qu'il y avait des desseins spirituels même dans les points les plus sombres de la vie, et que même dans la perfection toutes les choses imparfaites ont également une place justifiée ? Vous a-t-elle promis le temps et l'occasion nécessaires à la perfection de la connaissance ou bien une perspective de contact sans fin avec tout ce qui peut se concevoir de plus glorieux, ou bien encore la certitude d'une dextérité parfaite en un art qui, même malgré l'énergie de votre vie entière sera laissé bien loin de son achèvement ? Réfléchissez à ces choses sans aucunement désirer que votre rayon soit particulièrement celui-ci ou celui-là, et alors l'intuition pourra parler.

Jetant un regard sur le passé vous pouvez aussi vous demander quelle a été votre influence sur les autres. Ceci peut vous fournir une indication puisque chaque homme ne donne que ce qu'il possède et rien de plus. Par suite de leur contact avec vous, les avez-vous laissés plus forts qu'auparavant et plus aptes à faire face aux imprévus de la vie ? Les avez-vous éveillés à une plus grande sensibilité de la vie autre que la leur qui baigne le monde ? Les avez-vous déterminés à comprendre du dedans d'eux-mêmes le mystère de l'être ? Toutes ces choses se sont-elles accomplies sans que vous y pensiez et uniquement en raison de votre présence ? Et aussi de quelle façon le monde vous a-t-il enseigné ? Si c'est par l'expérience amenant des leçons claires et définies, vous avez sans doute dans le passé agi en premier et pensé en second ; mais si le monde a disposé agréablement les choses pour votre choix et votre considération propres, c'est le cas contraire qui a dû se produire.

Par-dessus tout que désirez-vous réellement au fond de vous-même ? Mettez de côté tous vos désirs, demandez-vous ce que vous voulez en réalité, n'acceptez pas de réponse superficielle, mais demandez-vous pour quelle raison vous donnez cette réponse et quelle est la demande plus profonde qui demeure sans réponse. Si vous avez de la sympathie ou de l'antipathie, de l'affection ou de la répugnance passagèrement et superficiellement pour l'un quelconque des rayons, cela déformera votre vision de la vérité. Vous devez être absolument disposé à accepter tout ce qui viendra de l'intuition et vous ne devez jamais l'interroger, espérant que la réponse sera celle-ci ou celle-là.

Vous pouvez encore restreindre le champ de votre enquête en examinant les trois pouvoirs du mental, et en voyant dans leurs décisions lequel d'entre eux est le principal auteur des résolutions, lequel stimule les autres à devenir actifs.

Recherchez-vous la connaissance et le pouvoir en raison de l'amour qui vous pousse à servir Dieu ou à secourir vos semblables ? Recherchez-vous la compagnie d'autrui et les opportunités de la vie dans le but de comprendre ? Ou est-ce la vigueur du soi (lequel existant doit vivre pleinement) qui vous envoie dans la mêlée de la vie, parce que la vie est la vie et doit être vécue abondamment? Faites également une analyse de vous-même d'après vos insuccès. Il y a trois grandes lois spirituelles qu'aucun homme ne devrait enfreindre; il doit être éveillé et actif en ce qui regarde ses pouvoirs; il doit être sincère avec lui-même et les autres, et être plein d'amour.

S'il recherche ce qu'il y a de plus élevé, ce serait inexcusable et injustifiable de sa part (c'est ce qu'il fera néanmoins, mais avec le temps de moins en moins) de sacrifier à quelque moment que ce soit, au milieu des conflits de la vie ordinaire, un de ces principes à un autre. Dans le passé lequel avez-vous sacrifié? Est-ce pour être bon que vous avez menti, ou est-ce dans votre fidélité à la vérité que vous avez causé de la peine; avez-vous toléré un relâchement dans la vérité ou l'amour en menant au succès une œuvre bien intentionnée et qui vous semblait d'une importance vitale? Le principe auquel vous êtes demeuré fidèle peut indiquer votre rayon. Mais tout cela n'est que d'une assistance incertaine, car la connaissance doit venir du dedans.

Dans cette tentative de discerner votre rayon, il est également nécessaire de ne pas vous comparer avec les autres. Il se peut que vous soyez bien plus faible en

Rayon	Étoile	Lampe	Pouvoir
1	Indépendance	Courage	Volonté
2	Union	Amour	Amour
3	Intelligence	Vérité	Pensée
4	Harmonie	Courage	Imagination
5	Vérité	Vérité	Pensée
6	Bonté	Amour	Amour
7	Beauté	Courage	Volonté

entendement que beaucoup d'autres personnes que vous connaissez et que ce soit pourtant le point le plus fort de votre caractère, les autres principes étant encore bien plus faibles. Il se peut aussi que le rayon d'une personne soit l'amour, et que sa volonté soit plus forte que celle d'une autre appartenant au premier rayon. La question n'est pas de savoir comment vous êtes par rapport à d'autres personnes, mais bien de connaître le principe qui dirige les forces au dedans de votre âme personnelle. L'homme parfait dans le plus faible de ses principes est aussi fort que l'homme encore imparfait dans son plus fort, car il a accompli dans tous le maximum possible de ce que peut faire quiconque habite une forme humaine.

Lorsque vous aurez choisi votre étoile inspiratrice, voici quelles seront les lampes destinées à éclairer vos pas à travers les taillis de la vie, et les pouvoirs qui accéléreront votre marche.

Le résultat est parfois rendu plus compliqué par la présence dans le caractère d'un second principe également vigoureux. Chaque rayon possède, bien entendu, ses sept subdivisions, et chacune de celles-ci se subdivise en sept également, mais nous ne nous occupons pas d'eux, car au dedans d'un principe, les caractéristiques de ce principe dominent toutes ces nuances, comme toutes les nuances de jaune sont jaunes, et toutes les nuances de vert sont vertes. Mais il peut se faire que le deuxième principe vigoureux dans une constitution possède une voix à elle bien claire et puissante, et dans certaines circonstances de la vie aussi importante que le premier principe. On a attribué différents sens au terme sous- rayon, mais ici je désire l'employer pour désigner ce principe deuxième en force.

CHAPITRE XX

LE PROGRÈS SANS DANGER

Le but de notre vie est, au stage présent, de développer notre conscience, ou plus exactement notre pouvoir de conscience, jusqu'à la perfection humaine, et la science des rayons est d'une aide supérieure pour parvenir à cette fin. Lorsqu'un homme sait quel est son rayon, il a découvert son pouvoir le plus fort. Quand il se servira de ce pouvoir, il avancera rapidement avec, selon les circonstances, des résultats merveilleux ou désastreux. C'est en grande partie à cause du danger impliqué (danger qu'on ne peut jamais trop évaluer) que la connaissance au sujet des rayons a été tenue cachée jusqu'à ce que ceux qui sont susceptibles de la recevoir aient appris beaucoup en ce qui concerne la nature de la vie humaine et la réalité de la fraternité.

Si un homme est rempli d'un idéal, s'il identifie sa vie avec et s'il en sent la puissance en lui, il est tenté de poursuivre dans cette unique direction et de négliger ses points faibles : dans tous les cas de ce genre l'effort en vue de progresser se termine presque sûrement en un effondrement. Un ou deux exemples montreront comment ceci se produit. Si c'est la vérité que l'homme recherche le long du rayon scientifique, et qu'il n'y ait pas d'amour ou de dévotion dans sa nature, il sera bientôt capable de faire des expériences non seulement sur les animaux mais également sur les hommes. D'autre part, si la personne est capable de philanthropie et poursuit cette ligne avec vigueur mais manque des deux sortes d'intelligence, elle peut, dans son désir d'aider l'humanité et sans que ce soit son intention, accomplir les choses les plus folles, et même déterminer la révolution et l'émeute si cela est en son pouvoir.

"La grande utilité de cette connaissance au sujet des rayons est que vous devriez trouver et percevoir votre pouvoir, et ensuite l'employer à fond pour développer les autres qualités en vous-mêmes qui sont relativement faibles", les lecteurs de mon petit livre *Construction du Caractère* se souviendront que tous les vices humains tenaces indiquent une faiblesse de caractère alliée à une certaine force. Un caractère faible sous tous les rapports n'a pas le pouvoir de faire grand-chose, et on dit généralement qu'une telle personne est bonne bien qu'il soit difficile de dire à quoi elle peut être bonne. Si donc un homme trouve qu'il a quelque défaut marqué, il n'est pas nécessaire qu'il s'efforce de supprimer son pouvoir, en disant : "J'ai trop de sentiment ou trop d'énergie ou trop de volonté." Qu'il se dise plutôt : "J'ai un grand pouvoir de volonté, mais une faible série de sensations humaines, et je dois employer ma volonté pour m'obliger à me mêler aux personnes, à penser à eux et à les aider constamment, jusqu'à ce que mes émotions humaines aient atteint un degré plus élevé". Dans ce cas, et dans les cas similaires, l'homme acquiert beaucoup mais ne perd rien, car il développe sa volonté tout autant que s'il l'avait employée à des fins égoïstes, mais de plus il développe en même temps l'amour. Il est évidemment pénible de modifier ses mobiles, mais l'homme qui comprend que le but de la vie humaine est seulement de former le caractère, et qui croit en la réincarnation, découvrira bientôt que tous les motifs plus petits disparaissent, et qu'en agissant au mieux pour lui-même, il est amené à des relations plus étendues et plus profitables avec les autres personnes.

 Sur ce sentier de progrès vers la conscience parfaite il n'est pas nécessaire pour un homme de considérer l'ensemble des sept rayons et de s'efforcer de se perfectionner dans chacun d'eux. Mais il faut qu'il essaye de se perfectionner dans trois — l'un exprimant la volonté, un autre l'amour et un dernier la pensée. Ainsi si c'est un bon philosophe, il est inutile qu'il s'inquiète d'être versé en science ou s'il est fortement attaché aux arts du septième rayon, il n'est pas nécessaire qu'il s'occupe de l'œuvre du premier rayon. Pour cette fin néanmoins, celui dont le principe le plus fort est le quatrième, doit considérer que son point faible réside dans le deuxième ou le sixième, et dans le troisième ou le cinquième plutôt que dans le premier ou le septième, car il y a de puissantes affinités entre les rayons un, quatre et sept, ainsi qu'entre le deux et le six, et le trois et le cinq.

Il est bon, toutefois, que dans tous les cas, une au moins des trois lignes de soi-discipline soit comprise dans le groupe de rayons un à trois, et qu'une autre soit dans le groupe cinq à sept ; ceci fournira un plus parfait équilibre du caractère et empêchera l'aspirant d'être trop éloigné du monde ou, au contraire, trop plongé en lui.

J'ai parlé du deuxième principe le plus fort chez un homme comme étant son sous-rayon. Si cette deuxième caractéristique se trouve appartenir au même groupe que son rayon, comme par exemple, le rayon deux et le sous-rayon trois, ou le rayon cinq et le sous-rayon sept, elle aura tendance à former un caractère non équilibré. Dans un tel cas, l'homme ferait bien de choisir comme troisième qualité à cultiver, une appartenant à l'autre groupe, et de porter toute la puissance de son rayon sur le développement de cette dernière.

En faisant choix de ses trois lignes de discipline, personne ne devrait faire violence à ses prédilections. Son premier choix devrait être la qualité de son rayon et sa deuxième sélection sera probablement ce que j'ai appelé son sous-rayon, son deuxième principe en force, et ensuite il devrait choisir ce qui lui plaît le plus dans ce qui restera après l'application de la règle que je viens d'énoncer. Il ne doit avoir, alors, aucune crainte d'avancer aussi rapidement qu'il le peut, considérant toujours son troisième choix comme son point faible et employant son pouvoir le plus fort au développement de ce dernier.

Afin de faire les progrès les plus rapides il est également nécessaire de comprendre les deux grandes lois qui agissent continuellement en ce sens. De même qu'il y a deux principes ultimes dans le monde de l'expérience — le grand principe actif, *Vishnou*, et le grand principe passif *Brahma*, il y a également deux grandes lois, appelées respectivement *dharma* et *karma* appartenant à ces deux principes et agissant toutes deux pour le développement de la conscience.

On regarde souvent la loi de *karma* comme frappant de punition ceux qui ont provoqué de la peine ou des difficultés pour les autres ; mais ceci ne donne pas une idée exacte de son caractère. C'est réellement un plan dans l'harmonie des choses, par lequel un homme apprend de l'extérieur ce qu'il néglige d'apprendre par l'usage des pouvoirs de sa conscience. C'est la manière employée par la nature pour insister qu'un homme prenne les responsabilités qu'il a acquises jusqu'à présent par le développement de ses pouvoirs. Je puis reprendre ici mon image du jeu d'échecs. Vous avez effectué quelques mouvements et acquis une certaine situation, et vous ne pouvez pas, en toute équité vis-à-vis de votre adversaire, lui refuser de marquer un autre coup uniquement parce que le jeu ne va pas comme vous le désirez ou parce que vous avez sommeil et que vous voulez abandonner. Vous ne pouvez point être passif, mais sous peine d'être pénalisé, vous devez continuer le jeu de la vie, dont l'arbitre ne tolèrera aucun relâchement déshonorable de notre part. Le monde punit l'oisiveté, l'égoïsme, l'insouciance et il n'y a pas de circonstance atténuante qui puisse empêcher un homme d'être renversé par une automobile s'il persiste à traverser Picadilly ou la Cinquième Avenue les yeux fermés. C'est la loi de notre relation à ce monde matériel et elle est exactement similaire à celle qui est cause que notre main est brûlée quand nous la mettons dans le feu et n'employons pas notre intelligence pour examiner la nature du feu d'une façon plus discrète. Il ne peut donc y avoir de moment passif; chaque aspirant sur ce sentier doit être prêt à faire attention à ce que le monde peut lui présenter et il doit croire qu'en cela est contenue une leçon à son intention particulière et nécessaire à son progrès futur. C'est en voulant se servir d'eux en une vie active, désintéressée et réfléchie qu'un homme développera ses pouvoirs de volonté, d'amour et de pensée ou bien c'est de l'extérieur qu'il apprendra par la force et même si c'est nécessaire, par la souffrance. C'est avec raison qu'Emerson a dit :

"Chaque jour apporte un navire,
Chaque navire apporte un mot;
C'est bien pour ceux qui ne craignent pas,
Regardant vers la haute mer, bien certains
Que le mot apporté par le vaisseau
Est le mot qu'ils désirent entendre."

Il est également compris dans cette loi que l'homme recevra la peine ou le bienfait qu'il a donné aux autres, mais ceci encore n'est pas de la punition, mais simplement de l'éducation. Un homme qui peut volontairement porter tort à un autre est lui-même insensible aux sentiments et aux bienfaits de cet autre, et étant insensible de cette manière il lui faut de fortes expériences pour qu'il puisse sentir ; il peut se faire aussi, qu'il ait été stupidement irréfléchi, et a besoin une fois de plus d'une leçon sévère pour l'obliger à faire attention. Il y a peu de personnes qui se repentent de leur folie sans cette leçon. "Si j'avais seulement servi mon Dieu avec moitié moins de zèle que j'ai servi mon roi, il ne m'aurait pas, à mon âge, abandonné nu à mes ennemis" a dit Wolsey, et la manière dont il apprenait est tout à fait typique. Le cardinal subit non seulement les coups qu'il avait portés aux autres, mais encore de cette façon il eut un aperçu de la sagesse, une vision de ce qui était désirable dans la vie. Ce n'est pas un déshonneur pour lui qu'il n'ait pas eu cet aperçu avant d'être rudement frappé par le monde ; car la manière d'agir de la vie est ainsi. En vérité, l'objet de la réincarnation n'est pas de jouir des pouvoirs déjà conquis, mais bien de développer ceux qui sont défectueux et la loi de *karma* est toujours active à fournir les conditions extérieures propres à rendre un équilibre au caractère. Quand elle fait opposition à ce que nous voulons faire, parce que nous pouvons le faire facilement et bien, elle n'est pas notre ennemie, mais une amie qui nous indique le véritable sentier du progrès.

Pour avancer le plus loin possible l'homme doit donc non seulement être disposé à accepter le jeu comme il le trouve sur l'échiquier et être prêt à le jouer jusqu'au bout, quelles que soient les pièces à sa disposition et quelles que soient leur positions, mais encore il doit le faire avec empressement joyeux et collaboration sincère, sans désirer que le jeu de quelqu'un d'autre fût le sien. "Chaque homme atteint la perfection", dit la Gitâ, "en étant attentif à son propre *karma*."

L'autre loi, *dharma*, est celle de l'évolution de la conscience, et en réalité il n'y a pas d'autre évolution, puisque les formes de la nature sont tout simplement édifiées autour de la conscience évoluante. Le *dharma* d'un homme est sa situation sur l'échelle de l'évolution consciente et la partie principale de cette loi réside dans le fait que les pouvoirs d'amour, de volonté et de pensée grandissent par l'usage et non autrement. Il est donc sage pour tout homme d'employer ses pouvoirs même s'ils sont insignifiants, plutôt que de fuir leur emploi sous le prétexte qu'il ne peut s'élever à la hauteur d'autres qu'il admire. Il ne fera aucun progrès ni en restant dans l'attente, ni en s'efforçant d'accomplir une tâche à laquelle ses pouvoirs ne sont pas adaptés. Écoutons encore la *Bhagavad Gita:*

"Son propre *dharma* même non glorieux est préférable que le *dharma* heureux d'un autre. Celui qui accomplit le *karma* prescrit par sa propre nature n'encourt point de péché."

C'est une des caractéristiques de la loi de *karma* — le rapport de l'homme avec le monde qui l'entoure — que lorsque l'homme poursuit l'activité d'un des rayons, il développe en même temps la qualité du rayon correspondant. Celui qui va à la poursuite de la beauté comme un artiste de n'importe quel genre, développe en même temps la volonté et la maîtrise de soi-même qui caractérisent le premier rayon. Celui qui suit un sentier de dévotion, menant, disons, au Christ, sera conduit vers des horizons toujours plus vastes de fraternité humaine. Celui qui recherche la vérité, comme un homme de science, deviendra également quelque peu un philosophe.

Celui qui entreprendra une œuvre avec la plus grande dextérité possible, c'est-à-dire un travail soutenu par la volonté, éprouvera de l'expérience et de l'intérêt dans la beauté, parce que, comme je l'ai déjà dit, l'habileté dans l'action est toujours belle aussi bien que la cause du beau; celui qui poursuit les sentiments de fraternité humaine peut commencer par des sentiments de camaraderie, mais il finira par y ajouter une appréciation dévouée envers ceux qui sont ses supérieurs, ses frères aînés dans la grande famille humaine. Et le philosophe qui cherche à comprendre le rapport de l'homme avec le monde se trouvera lui-même dans le domaine de la science.

Ceci est également visible dans le progrès des nations. L'importante tendance scientifique de notre sous-race se manifeste constamment sous forme de philosophie et de développement du mental supérieur ; il est déjà visible en Amérique, où les personnes adorent la bonté et la prospérité, et admirent sans bornes tout ce qui est grandiose, que le mental de la sixième sous-race commence à éprouver un grand sentiment de fraternité, comme peut-être nulle part ailleurs. Lorsque la fraternité aura conquis sa place dans le monde au moment de la maturité encore lointaine de cette race, de la même façon que la science a parachevé d'immenses œuvres et a fait sentir son influence même dans les petits détails de la vie courante durant la cinquième sous-race, on peut prédire qu'à ce moment-là, tout ce qu'il restera à faire pour l'homme sera de rendre la vie belle de toutes les façons et dans toutes ses parties ; en ce faisant, ils acquerront un grand pouvoir de volonté, et la jouissance de la liberté extérieure qui rendra possible l'anarchie illuminée qui est impossible tant que la fraternité n'aura pas joué son rôle.

CHAPITRE XXI

STAGES DE SOI-COMPRÉHENSION

"Près de nous et applicable à nous", dit Emerson, cette antique fable du Sphinx, qui, disait-on, s'asseyait au bord de la route et posait des énigmes à tous les passants. Si l'homme ne pouvait pas donner la solution, il était avalé vivant. Qu'est notre vie sinon une envolée infinie de faits et d'évènements ailés ? C'est en une variété splendide que surviennent ces changements, tous posant des questions à l'esprit humain. Ces hommes qui ne peuvent pas répondre au moyen d'une sagesse supérieure à ces faits ou à ces questions du temps, deviennent leurs serviteurs. Les faits les embarrassent, les tyrannisent et créent les hommes de routine, les hommes de sens, en lesquels une obéissance littérale aux faits a éteint chaque étincelle de cette lumière qui fait l'homme véritablement homme. Mais si l'homme est fidèle à ses instincts ou à ses sentiments les meilleurs, et refuse la domination des faits, comme quelqu'un qui est issu d'une race supérieure, demeure ferme aux côtés de l'âme et envisage le principe, alors les faits concordent et prennent leurs places ; ils ont trouvé leur maître et le plus méprisable d'entre eux le glorifie." Ceci indique, ainsi que je l'ai déjà dit, que l'homme appartient à la conscience, et s'il veut se tenir avec fermeté à ses côtés, il n'aura rien à craindre et tout ira bien pour lui. Cependant il est important de se rendre compte quelle partie de ce que l'homme s'imagine ordinairement être lui-même est en réalité qu'une portion du monde extérieur. Analysons l'homme et voyons.

Premièrement nous avons une série de corps matériels — le corps physique, avec ses compagnons sur des plans plus subtils. Ceci procure à la conscience un instrument limitatif, et le fait d'y entrer en incarnation est visiblement un acte de concentration. Comme je l'ai expliqué dans ma conférence sur *La Psychologie personnelle et le Mental subconscient*, le corps est littéralement un appareil photographique — une chambre noire. Il nous sépare du monde. Il ne nous montre pas le monde comme on se l'imagine ordinairement. Les organes des sens servent, cependant, à contrebalancer dans une certaine mesure sa fonction d'obturateur. Ils laissent un peu de lumière du monde pénétrer jusqu'à la conscience, et en raison de ce fait il se produit une image très claire sur l'écran du mental.

La vision appartient à la conscience, jamais à la chambre noire ; cette conscience est ouverte au monde et peut l'embrasser tout entière, sauf quand elle a pénétré dans cette chambre, où elle concentre beaucoup de son attention sur une mince raie de lumière. Mais la concentration ouverte au monde n'en possède que le sens le plus vague et le plus indéfini — c'est un vaste mental subconscient non développé ; mais ayant des parties claires et brillantes, provenant de ces expériences nettes et vivantes qu'il a acquis par l'intermédiaire de la chambre noire du corps.

Comme conséquence de ce dernier fait, l'homme emprisonné dans le corps s'occupe des choses l'une après l'autre ; il n'évolue en aucune façon dans ce corps, et le corps n'évolue pas davantage, mais traverse une série de changements pareils aux saisons de l'année et constamment perd aussi bien que profite. Cela ne veut pas dire que l'homme d'âge moyen soit parfait, l'enfant imparfait et le vieillard imparfait.

L'enfant et le vieillard ont leurs propres perfections que l'homme mûr ne possède pas. La comparaison est également possible avec l'expérience de l'enfant qui, au cours d'une journée, apprend une douzaine de leçons traitant de sujets différents et donnés par des professeurs différents dans des salles différentes. Il est exact que demain cet enfant ira de nouveau dans ces classes et dans chacune d'elles il apprendra davantage que ce qu'il était capable la veille, car dans le domaine de la connaissance "à celui qui possède, davantage sera donné", et la puissance du mental grandit chaque jour. Et il est également exact que dans des incarnations futures, tandis que chacun de nous parcourra les saisons de sa vie, il fera mieux dans chacune d'elles et sera plus riche en conscience. Puis à mesure que cet enrichissement aura lieu, il sera possible pour les organes des sens des corps d'élargir leur champ d'action, puisque la conscience, en se fortifiant, est capable d'avoir une plus vaste emprise sur les choses, jusqu'au moment où finalement elle se montre dans sa perfection, ouverte au monde entier, voyant sans yeux et entendant sans oreilles, prête à entrer dans l'état transcendant de la conscience de *Vishnou*.

Mais d'ici ce jour glorieux chaque homme incarné doit finalement se mettre d'accord avec ceci — à savoir que pour lui-même en ce qui concerne la personne dans le corps il n'y a pas de progrès et pas d'accès à la perfection. Pendant qu'il apprend en ce moment une chose dans une classe, et qu'il y prête toute son attention, ce qu'il a appris il y a seulement une heure dans une autre classe est fortement obscurci. Sa tâche est de vivre heure par heure, en faisant le meilleur usage possible de chacune d'elles. Le véritable but de son incarnation est d'apprendre quelque chose de nouveau ; toute l'attention de ses sens, de ses sensations et de ses pensées est consacrée à cela, et cette portion de lui-même ainsi occupée apparaît et se fait sentir clairement comme une chose parmi d'autres choses.

Le second élément de notre analyse est la personnalité. Ce n'est pas la série des corps mais quelque chose qui a grandi avec eux. Le jeune enfant, bien qu'il ressente, même pense et veut, par le moyen du corps, n'a, au début, pas de personnalité, mais petit à petit, elle s'incorpore dans la troisième personne et il pense : "Je suis ceci" ; et à mesure que passent les années et que grandit le corps, cela devient une chose bien définie. Le corps physique a subi un certain entraînement et a acquis une série d'habitudes ; attachées à lui, existent des séries d'habitudes émotionnelles et même mentales, faisant partie des corps astral et mental : tout ceci constitue une personnalité distincte, régissant pour le monde d'une manière définie. Ce n'est pas l'homme lui-même, et le démonstratif à lui appliquer devrait être du genre neutre, "cela".

Cette personnalité est ou devrait être un instrument, quelque chose de fin, de bon, de fort, de pur, de défini et d'utile destiné particulièrement à faire un pas défini dans la vie, qui procurerait une expérience de valeur. Il faut cependant que ce soit un instrument dont l'homme lui-même puisse se servir pour penser, aimer et vouloir ; et non un automate habitué uniquement à réagir aux influences extérieures, mais qui soit également ouvert à l'homme du dedans.

Prenons un exemple de cette opération. Si un homme, écrivain ou joueur de tennis expert de sa main droite, se contraignait à écrire ou à jouer aussi bien de la main gauche, nous savons que ce serait matière à profit pour lui de différentes manières ; si nous pouvions nous imaginer un individu comme vivant dans un corps pendant un long espace de temps, nous dirions que cela vaudrait la peine pour lui d'entreprendre cette tâche et qu'elle fait partie de son perfectionnement. Pendant qu'il apprendrait à se servir de sa main gauche, il pratiquerait la concentration laissant ainsi quelque chose de côté pendant qu'il travaillerait à quelque autre chose. Telle est la voie suivie dans l'incarnation ; l'homme véritable est l'habile joueur de la main droite, mais l'individu ne peut point passer son temps dans la satisfaction ou l'exhibition de ce qui a été déjà achevé. Il faut qu'il se laisse être employé à l'acquisition de pouvoirs nouveaux par l'homme du dedans. Dans ces circonstances n'importe quelle sorte d'ambition personnelle (en sanscrit, sankalpa) le rend fatalement moins utile à l'homme intérieur d'être et de but conscients. Si l'homme personnel choisit de vivre de moment en moment, accomplissant le labeur d'un homme véritable, et vivant pour ses idéaux, il est cet homme véritable ; mais s'il s'imagine être quelque chose de particulier par lui-même, et s'il nourrit le sentiment qu'il devient quelque chose de plus, il est condamné à la misère. Il ne doit avoir aucune sorte de convoitise, même pas celle de la connaissance. En Bolivie les femmes indigènes et de demi-caste montrent leur rang social et leur fortune en portant autant de jupes qu'il est possible à la fois. Leur forme de dignité ne les élève pas et n'est pas une édification pour les spectateurs. Cela est également vrai de la personnalité qui s'efforce d'être une encyclopédie vivante. Ce qui est nécessaire pour la personnalité ce sont telles richesses et telle connaissance capables de l'aider à faire le genre de travail pour lequel elle est apte dans le monde, et lorsqu'on voit des personnalités voulant faire plus que cela, on se remémore les femmes boliviennes et leurs jupons. Ce que l'on voit dans un beau chien, un chat, un cheval ou une autre créature est quelque chose d'un idéal pour la personnalité — sans excroissances, ni ornements qui peuvent être de bon goût — et même magnifiques dans une autre circonstance.

Le troisième élément de notre analyse peut être désigné comme la soi-personnalité. Si la conscience dans l'homme est submergée dans cette personnalité, pensant "Je suis cela", à l'exclusion de tout le reste, alors la personnalité usurpe le trône du soi au-dedans, et la vie est vécue dans l'intérêt de sa prolongation, de ses ambitions et de ses aises physiques, émotionnelles et mentales. Dans ce cas, l'homme d'idéal, l'homme véritable est condamné à la famine pour le restant de cette incarnation. La personnalité est une bonne chose, mais la soi-personnalité est la plus grande malédiction.

La quatrième partie de notre analyse est l'homme conscient, dont le véritable intérêt de la vie réside dans les activités d'un des rayons déjà décrits, dans la poursuite de l'un des idéaux. Sa vie, pendant l'incarnation, sera fructueuse dans la mesure où il pourra détruire la soi-personnalité tout en maintenant sa personnalité vigoureuse.

Chaque homme peut se mettre à l'épreuve. Tant qu'il est absorbé par son idéal tout est bien, mais lorsqu'il tombe dans la soi-personnalité il est perdu. En tentant cette épreuve, il doit se demander non seulement ce qui occupe son esprit pendant qu'il pense, mais encore ce qui en tient la place lorsqu'il ne pense pas. Par un entraînement et une purification de soi-même sévères il sera en mesure de produire dans la personnalité de telles habitudes essentielles d'émotion et de pensée, que dans ses instants de repos, elle sera ouverte plutôt vers le dedans que vers le dehors, intéressée par les idéaux et non pas seulement par les choses.

Le pronom qui s'applique maintenant à l'homme est "vous". On ne peut le considérer comme une chose objective, mais pour qu'il soit connu il faut qu'il soit perçu comme la vie, qu'il soit senti de cette façon par lui-même ou par n'importe quel autre. Et ce n'est pas autrement qu'il peut être connu. C'est ici qu'on doit trouver les fruits amassés des travaux de sa personnalité. Il y a ici quelque chose qui évolue et demeure lui-même à travers tous les changements. Une chose matérielle ne peut pas changer et demeurer la même, en raison de ses limitations dans l'espace; mais ce "vous" conscient peut demeurer ainsi à travers une série de changements dans lesquels votre pensée, votre sensibilité et votre volonté ont un champ d'action de plus en plus grand, et saisissant continuellement une portion plus étendue du monde matériel.

Pourtant, cette conscience, à son tour, n'est point l'homme véritable, même lorsque à son apogée elle se tient au-delà de la nécessité d'incarnation humaine. La personnalité et le corps étaient une partie du monde matériel. Vous êtes une partie du monde conscient, une portion de quelque chose qui n'est pas votre vrai soi, mais est la conscience à laquelle aucune limite ne peut être assignée. C'est ici que doit être recueillie la moisson de toutes les semailles effectuées dans les limites de la personnalité. Chaque nouvel achèvement provoque l'élargissement de la conscience afin qu'elle soit une portion plus grande qu'elle n'était auparavant de la conscience universelle. En faisant cela vous employez une partie de *Vishnou* comme dans la personnalité vous faites usage d'une partie de *Brahma*.

Cependant, cela même n'est pas la fin, aussi grande que puisse être votre conscience. Elle peut enfin s'étendre sur l'ensemble des sept rayons, comme suite aux expériences éprouvées au dedans du monde de *Brahma*, aussi loin que s'étend dans ce monde l'immanence de *Vishnou*, en raison des bons offices de *maya*. Mais le long du deuxième rayon il est possible de s'épandre plus loin et de devenir partie de l'aspect transcendant de *Vishnou*. On peut aller encore plus loin le long du premier rayon dans la volonté de *Vishnou*, quand à son tour Il est un avec *Shiva* Lui-même. Voici le seuil du vrai Nirvâna, où l'homme s'élève au-dessus de la conscience, comme bien autrefois il s'est élevé au-dessus de la matière, et à ce moment vous ne serez plus "vous" mais "Je", et l'univers fait croître "Je".

Si d'aucuns enseignent que le Nirvâna doit cesser
Dites à ceux-là qu'ils mentent.

Si d'aucuns enseignent que le Nirvâna doit subsister,
Dites à ceux-là qu'ils errent; ignorant
Ni quelle lumière resplendit au-delà de leurs lampes brisées
Ni la félicité sans vie, et sans temps.

TABLE DES PRINCIPAUX MOTS SANSCRIT EMPLOYÉS DANS CET OUVRAGE

Ananda. — Bonheur ; l'état de la vie réelle.
Ananta. — Temps infini, la base de la conscience.
Atma. — L'*ichcha* dans l'homme.
Bhagavad-Gita. — Le Chant du Seigneur, un traité philosophique et religieux largement employé par les Indous.
Bhakti-yoga. — Union avec le divin par la dévotion envers Dieu.
Brahma. — Le troisième membre de la trinité divine ; le monde des choses.
Brahman. — Dieu ; comprenant la vie réelle, la conscience et les choses.
Bouddhi. — Le *jnana* dans l'homme.
Chit. — La conscience.
Déva. — Un être divin de n'importe quelle catégorie ; un qui resplendit du dedans. *Vishnou* est le *déva* suprême, la matrice d'eux tous.
Dharma. — La situation d'une âme sur l'échelle de l'évaluation ; la loi de son développement.
Ichcha. — La volonté dans la conscience. Sa forme active est la volonté ; sa forme réceptive la conscience du soi.
Jnana. — La sagesse de la conscience. Sa forme active est l'amour ; sa forme réceptive la conscience de la conscience.

Karma. — Travail ; action avec intention. Également la loi de réaction.

Karma-yoga. — Union avec le divin par le service de l'humanité.

Kriya. — L'activité de la conscience. Sa forme active est la pensée ; sa forme réceptive la conscience des choses.

Kriyashakti. — Pouvoir de la pensée.

Lakshmi. — La déesse de la prospérité ; épouse de *Vishnou*. Particulièrement en rapport avec le sixième rayon.

Manas. — Le *Kriya* dans l'homme.

Maya. — Notre vie, un substitut de la vie réelle ; le monde des rapports entre *chit* et *sat*.

Rajas. — L'énergie constituante du monde des choses.

Sannyasi. — Celui qui de propos délibéré renonce au *maya*.

Sat. — Être ; la caractéristique du monde de *Brahma*.

Sattva. — La loi et l'ordre dans le monde des choses ; le monde des idées fixées ou des archétypes matériels.

Shiva. — Le premier membre de la trinité ; vie réelle.

Shri Krishna. — Le grand Instructeur spirituel de la *Bhagavad-Gita* ; une incarnation de *Vishnou*.

Swayambhou. — Le soi-existant ; une appellation de Dieu.

Tamas. — La matière constituante dans le monde des choses.

Vijnana. — Connaissance.

Vishnou. — Le deuxième membre de la trinité divine. Le monde de la conscience.

Yoga. — Union avec le divin ; le moyen de parvenir à cette union.

TABLE DES MATIÈRES

PREMIÈRE PARTIE
LA SOURCE DES RAYONS

I. — La colonne de lumière 7
II. — La conscience 13
III. — Pouvoir de la pensée 19
IV. — Pouvoir de l'amour 29
V. — Pouvoir de la volonté 37
VI. — Matière, énergie et loi 47
VII. — Le divin et le matériel 55
VIII. — Harmonie 63
IX. — Les sept principes 71
X. — Interrelations 81

DEUXIÈME PARTIE
LES SEPT RAYONS

XI. — Le premier rayon 91
XII. — Le deuxième rayon 107

XIII. — Le troisième rayon 121
XIV. — Le quatrième rayon 131
XV. — Le cinquième rayon 143
XVI. — Le sixième rayon 151
XVII. — Le septième rayon 159
XVIII. — Le tableau d'un maitre 173

TROISIÈME PARTIE
LA GRANDE UTILITÉ ET LE GRAND DANGER DE LA SCIENCE DES RAYONS

XIX. — Votre rayon 195
XX. — Le progrès sans danger 207
XXI. — Stages de soi-compréhension 219

Table des principaux mots sanscrit employés dans cet ouvrage 231

Ernest Egerton Wood
(18 août 1883 - 17 Septembre 1965)

Ernest Egerton Wood est né à Manchester, en Angleterre. En raison de son intérêt pour le bouddhisme et le yoga, il étudia le sanskrit à la fin de son adolescence. Il devint membre de la Société Théosophique et s'installa en 1908 à Adyar, en Inde, siège mondial de la Société. Il fut un yogi réputé, théosophe, érudit en sanskrit et auteur de nombreux livres dont, *Concentration*, *Les Sept Rayons*, *Yoga* et *L'Entraînement Occulte des Indous*.